经济学基础

袁峰 袁哲/主编

延吉·延边大学出版社

图书在版编目（CIP）数据

经济学基础 / 袁峰，袁哲主编. -- 延吉 ：延边大
学出版社，2024. 9. -- ISBN 978-7-230-07136-9

Ⅰ. F0

中国国家版本馆 CIP 数据核字第 2024MZ2212 号

经济学基础

主　　编：袁　峰　袁　哲
责任编辑：魏琳琳
封面设计：文合文化
出版发行：延边大学出版社
社　　址：吉林省延吉市公园路 977 号
邮　　编：133002
网　　址：http://www.ydcbs.com
E - m a i l：ydcbs@ydcbs.com
电　　话：0451-51027069
传　　真：0433-2732434
发行电话：0433-2733056
印　　刷：三河市嵩川印刷有限公司
开　　本：787 mm×1092 mm　1/16
印　　张：12
字　　数：225 千字
版　　次：2024 年 9 月　第 1 版
印　　次：2025 年 1 月　第 1 次印刷
ISBN 978-7-230-07136-9

定　　价：68.00 元

前　　言

目前，我国经济已转向高质量发展阶段，正处在转变发展方式、优化经济结构、转换增长动力的攻关期，建设现代化经济体系是跨越关口的迫切要求。

本书主要研究经济学基础理论，从经济和经济学及研究方法入手，针对需求、供给、价格、弹性及消费者行为等微观经济理论进行了分析；对生产者行为、生产分配与市场理论作了研究，并对市场失灵、干预与通货膨胀保障进行了详细阐述；着重探讨了国民收入核算与乘数计算，探讨了经济周期与经济增长，以及财政政策、货币政策等宏观经济政策的应用等。本书对经济学的研究应用有一定的借鉴意义。

本书突出理论的基础性和实用性，紧紧围绕高校应用型人才培养目标进行编写，在教材内容上力求符合学生的认知规律和实际水平，每个知识项目及任务以通俗、精练、实用为出发点。舍弃需要较深数理基础的经济模型及其推导，弱化教材的理论性，强化教材的趣味性及可读性。力求理论联系实际，着重培养学生的理解分析能力和创新创业能力，以达到学以致用的目的。引导学生从现实生活入手，学习运用经济学的基本原理来分析问题。

本书在写作的过程中参考了大量书籍、论文及其他资料，引用了许多专家学者的著作和研究成果，在此谨对相关资料作者一并表示感谢！由于时间仓促及作者水平有限，难免有疏漏之处，恳请读者批评指正，以期不断改进。

目　录

项目 1 经济学的性质

任务 1 认识经济学

1.1 经济和经济学

1.1.1 经济和经济学基础

现在是一个与经济息息相关的时代，各种财经新闻充斥着网络、电视、报纸，各种经济话题成为人们关注的焦点。那么，到底什么是经济和经济学呢？

在我国，"经济"本是"经邦济世""经国济民"的意思。在国外，最早使用"经济"一词的是古希腊思想家色诺芬，他的著作《经济论》是古希腊流传下来的一部专门论述经济问题的著作，"经济"一词最先出现在该书中，意思是"家庭管理"。19 世纪下半叶，日本学者把西方的"经济"翻译成现代意义上的"经济"。

经济是社会物质生产和再生产的活动。人们的经济活动总是在生产、分配、交换和消费四个环节的不断交替中实现，从而构成了统一的社会再生产活动。社会再生产各个环节是相互联系、相互依存、相互制约的，它们共同构成"经济"这一有机整体。

经济学是西方经济学的简称，是研究稀缺资源的配置与利用，在有限资源的各种可供利用组合中进行选择的科学。

1.1.2 经济学研究的两个基本问题

经济学家普遍认为，资源的稀缺性是客观存在的，而人类的欲望又是无限的，利用相对稀缺的资源最大限度地满足人们的需要，就产生了资源的利用问题。因此，经济学研究的两个基本问题就产生了，即资源配置问题和资源利用问题。

1.1.2.1 资源配置问题

1.生产可能性曲线（生产可能性边界或生产转换线）

生产可能性曲线（生产可能性边界或生产转换线）是指在既定的资源和技术约束下社会能够得到的最大产品组合的轨迹。

例如，一块土地若在某一年全部用来种玉米，可以收获 5 000 吨；这块土地若在某一年全部用来种土豆，可以收获 4 000 吨；若这块土地部分用来种玉米、部分用来种土豆，可以分别收获 3 900 吨和 1 800 吨。根据这三种情况，可以得到图 1-1 中的 A、B、C 三个点。那么，穿过 A、B、C 三个点的折线就是这块土地的生产可能性曲线。

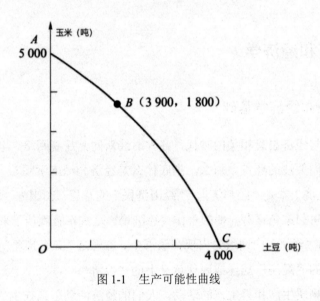

图 1-1　生产可能性曲线

生产可能性曲线并非一成不变，在技术改进、资源丰富的条件下，都可能使生产可能性曲线向右上方移动；反之，若出现严重的自然灾害破坏时，生产可能性曲线则向左下方移动。

2.资源与要素

生产表现为经济活动的起点，消费表现为经济活动的终点。生产是消费的手段，消费是生产的目的。生产就是一种投入与产出的关系，投入生产所必需的劳动、原材料、设备等，才能生产出产品。生产所必需的一切要素统称为资源，或称为生产要素，简称要素。世界上的资源根据稀缺性的不同，主要可以分为自由资源和经济资源两类。自由资源是取之不尽的，可以自由利用，如空气、海水和阳光等。经济资源又称稀缺资源，相对于人们的无限需要，其数量有限，且在使用过程中需要付出代价，如土地、劳动等。生产主要有四个要素，即人力（劳动）、财力（资本）、物力（土地等自然资源）和智力（如企业家才能）。

3.资源的稀缺（有限）性

没有资源的稀缺（有限）性，就没有经济学。经济学家认为，经济学就是为了解决人类经济活动中经常面临的欲望的无限性与资源的有限性之间的矛盾而产生的。资源的稀缺（有限）性体现在生活的很多方面，人的欲望是无穷的，资源总是有限的，这就是资源的稀缺（有限）性。稀缺是相对于人们无穷的欲望而言，资源是稀少、短缺的。稀缺性是经济物品的显著特征之一，并不意味着稀少，而主要是指不可以免费得到，要得到经济物品，必须用其他经济物品来交换。稀缺规律是指商品一般是稀缺的，只能得到有限供应，必须通过价格或其他形式进行分配。稀缺性产生的原因在于一定时期内物品本身、利用物品进行生产的技术条件，以及人的生命是有限的。

4.人的欲望（需要）的无限性

欲望是人们为了满足生理和心理上的需要而产生的渴求和愿望。人的欲望是无限和多样的，当一个低层次的欲望得到满足后，就会立即产生新的、更高层次的欲望。人们总是希望未来比现在更好、有更多的收入和荣誉，尽管人们的生活水平在不断提高，但是人们欲望的提高程度总是超过生活水平提高的程度。

5.经济学是选择的科学

稀缺性是经济问题产生的根源。资源具有稀缺性，人们在经济活动中要做出各种选择，选择先满足人们的哪些欲望、后满足人们的哪些欲望。这种选择同时也是用有限的资源满足人们欲望的决策，即决策生产什么、如何生产、为谁生产。生产什么取决于社会对这些产品需要的相对重要性，生产多少取决于需要满足的程度；如何生产解决用什么资源生产、用什么技术生产；为谁生产解决分配的问题，即根据哪些原则将生产出来的产品或劳务如何分配给集团或个人。

6.选择中的机会成本

机会成本是将资源投入某一特定用途后，所放弃的其他用途的最大利益。在理论上，机会成本是资源改为其他各种可能选择中最优的选择，但由于信息不完全，只能是其他选择中能够获得的比较满意的选择。

1.1.2.2 资源利用问题

在图 1-1 中，生产可能性曲线以内的任何一点表示资源没有得到充分利用。在现实社会中，既存在资源稀缺，又存在资源浪费现象，这就是产量没有达到生产可能性曲线、稀缺的资源被浪费了。人类社会的发展是一个不断突破生产可能性曲线的过程，这就必须将稀缺的资源进行充分的利用。资源利用包括三个相关问题：第一，资源充分利用的问题，即如果没有充分利用，是什么原因导致的，这个问题一般用充分就业来解释；第二，在资源既定的情况下产量高低的问题，这就是现实的经济发展中经济的周期性波动，简单地概括为经济周期与经济增长问题；第三，货币购买力的变化对资源配置与利用产生的问题，这就是经常提到的通货膨胀或通货紧缩问题。

1.1.3 经济学组成

经济学的两个基本问题是资源配置问题和资源利用问题。微观经济学主要研究资源配置问题，宏观经济学主要研究资源利用问题，这两者主要研究国内的经济问题，国际经济学主要研究国家间的经济问题。

1.1.3.1 微观经济学

微观经济学是研究企业、家庭和单个市场等微观供求行为与价格之间的关系的经济科学，其通过研究单个经济单位的经济行为和相应的经济变量单项数值的决定，来解释价格机制解决社会资源的配置问题。

微观经济学研究对象是单个经济单位的经济行为。单个经济单位是指组成经济的最基本的单位，即家庭和厂商。家庭是经济中的消费者和生产要素的提供者，以实现效用最大化为目标。厂商是经济中的生产者和生产要素的需求者，以实现利润最大化为目标。

微观经济学解决的是资源配置问题。资源配置就是生产什么、怎么生产和为谁生产的问题，其目的是要达到资源配置的最优化，给社会带来最大的经济福利。

微观经济学的中心理论是价格理论。在市场经济中，家庭和厂商的行为要受价格的支配，生产什么、怎么生产和为谁生产都由价格决定。价格就像一只看不见的手，调节着整个社会的经济活动，从而使社会资源的配置实现最优化。

微观经济学的研究方法是个量分析。个量分析是对单个经济单位和单个经济变量的单项数值及其相互关系所做的分析。

1.1.3.2 宏观经济学

宏观经济学是研究一个国家整体经济运行及政府运用经济政策来影响整体经济等宏观经济问题的科学。

宏观经济学解决的是资源利用问题。宏观经济学把资源配置作为既定的前提，分析现有资源未能得到充分利用的问题、达到充分利用的途径以及增长方式等。

宏观经济学的中心理论是国民收入决定理论。宏观经济学把国民收入作为最基本的总量，以国民收入的决定为中心，研究资源的利用问题，分析整个国民经济的运行。

宏观经济学的研究方法是总量分析。总量是指能反映整个经济运行情况的经济变量，这种变量有两类，即个量的总和与平均量。

1.1.3.3 国际经济学

国际经济学是以国际经济关系（如贸易、投资、劳务和资金转移等）为研究对象的一门经济科学。随着全球经济一体化进程的不断加快，世界各国、各地区间的经济往来与交流越来越频繁，彼此的经济联系也日益紧密。国际经济学研究国家间经济的相互依存性，分析一个国家与世界其他国家间的商品、劳务和资金的流向，分析直接约束这个流向的政策，以及这些政策对国家的经济发展和社会福利所产生的影响。

国际经济学理论渊源久远，对国际经济的研究最早可以追溯至以英国的亚当·斯密、大卫·李嘉图为代表的古典经济学说中的国际贸易理论，李嘉图的比较利益思想是现代国际经济分析的起点，古典经济学说之后的"边际革命"在一定程度上为国际经济学的形成提供了重要方法。现代意义上的国际经济学是在传统的国际贸易和国际金融理论的基础上发展起来的一门系统的、独立的理论，大约出现在 20 世纪 40 年代，即以凯恩斯为代表的新古典主义学派兴起后不久便出现了国际经济学。几十年来，国际经济学研究吸引了许多经济学者的注意力，并不断发展。

1.2 经济学研究方法

1.2.1 观察与实验

观察与实验是科学研究的开始。其中，观察是指在不进行人为干预的前提下，将实际发生的经济现象及其过程客观地记录下来。实验则是在某种人工控制条件下，小范围模拟现实的经济现象，并据此对现实的经济现象进行分析和推断。

一般来说，经济现象是不可逆的随机过程，因此经济学研究只宜使用观察法，而不宜使用实验法。例如，一个农民率先栽种苹果发了财，于是推而广之，号召广大农民群起效仿，结果并不会使所有农民都发财，而是导致市场供过于求，价格下跌，大家都赔钱。不过，有时候经济学家也进行实验。例如，一个农民率先栽种苹果发了财，于是在周围局部范围内推广，结果许多农民都跟着富了起来。奥妙在于一个较小的局部范围内，各种自然条件和社会经济条件比较相似，外部大环境相对稳定，从而使得经济过程的可重复性比较大。

在观察和实验时，需要掌握一定的科学调查统计技术，例如全面普查、重点调查、典型调查和抽样调查等。由于经济信息常常涉及人的切身利益，当事人常常会有意无意，或多或少地隐瞒，甚至假造数据和事实，因而为了获得确切的事实材料，还要掌握必要的访谈技巧，一般的原则是拉近感情、隐蔽企图、旁敲侧击、多方印证等。此外，还要注意有意识地发现问题。所谓问题，主要是一些与众不同或违反常理的奇异现象。例如，一个村的经济发展很快或很慢，与周边村庄形成鲜明的对照，就值得研究这个村为什么发展这么快或这么慢。善于发现问题，是科学研究的基本功，其中，最重要的是独立思考、大胆质疑、不轻信他人、不迷信权威。

1.2.2 个人探索与文献研究

通过观察与实验发现问题后，下一步就是分析和探讨问题的原因及其内在机制。从根本上说，这只能靠个人探索，并提出自己独立的见解，但强调个人探索并不等于将自己封闭起来单干、独闯。在漫长的历史发展中，前人已经做了大量研究工作，积累了大量文献资料，这使得后人能够在前人研究的基础上更有效率地开展研究。因此，在开始分析某一个现象或问题时，第一步要做的就是下功夫查阅有关文献资料，了解前人的研究成果，这已经成为现代科学研究的基本范式。

1.2.3 理论模型

从形式上来看，科学研究就是对通过观察与实验得到的经验数据材料加以概括和抽象，建立相应理论模型的过程，也就是要抓住现实对象最主要的本质特征，忽略其他非本质的细枝末节，将现实对象简单化、理想化。例如，市场经济是一个最基本的理论模型，它包括一系列假设。例如，假设厂商和居民都是有理性的，都要追求自身利益的最大化；假设市场上具有众多的厂商和居民，从而每一个厂商和居民都是既定市场价格的接受者，都不能操纵市场价格；假设资源可以自由流动；假设厂商和居民能够及时、方便、轻易地获得各种市场信息等等。

在研究中建立理论模型，可以使问题大大简化，提高研究效率，但同时也会导致理论常常与现实相脱节。因此，经济学研究结论一般不能在现实经济生活中直接套用。例如，西方经济学理论研究结论"在市场经济条件下，能够实现最佳资源配置"，就与现实不完全相符。理论模型既可以用文字描述，也可以用数学公式表达。现代西方经济学一般倾向于应用数学公式，其基本做法是：将所有研究对象都称为变量，然后做出一定的假设，通常假定除了所要研究的少数几个主要变量外，其他所有变量和外部条件都不变，在此假设前提下，再以有关数据材料为基础，通过逻辑分析和统计检验，建立主要变量间的逻辑关系。

在建立理论模型时，要注意合理假设。原则上，只有无关紧要的因素，才可以忽略不计，或假设为不变。但究竟哪些因素可以忽略不计，哪些因素不能忽略，需要根据具体问题进行具体分析。例如，研究一块石头的下落运动，可以将空气阻力忽略不计，但如果研究羽毛的下落，就不能将空气阻力忽略不计了。

1.2.4 规范分析与实证分析相结合的方法

运用规范分析研究经济活动"应该是什么"或社会经济问题"应该是怎样解决的"。这种方法就是依照经济事物的社会价值判断，规范经济政策措施和经济行为后果的是否可取性。规范分析是从"现有的事实"推导出"应当如何"的逻辑结构。当经济学的研究把因果分析与价值判断结合在一起时，这种经济学就叫作规范经济学。

实证分析描述经济现象"是什么"，以及社会经济问题"实际上是如何解决的"。这种方法首先要提出对经济现象给予解释的理论，然后用事实来验证理论，并依据理论对未来做出预测（如图 1-2 所示）。实证分析是从"现有的事实"推导出"将会是什么"的逻辑结构。当经济理论把自己局限于表述经济活动的原因与结果，以及各经济变量的函数关系时，这种理论就称为实证经济学。

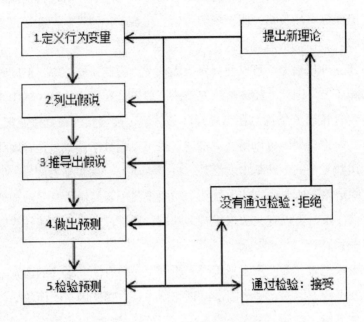

图 1-2　实证分析的逻辑结构

　　经济学首先要从事实出发，把握未来可能发生的事实，但不可能到此为止，因为经济学是人们做出选择的理论指南，所以还必须从事实出发，进而解决"应当如何"的问题。因此必须将这两种方法相结合，即将实证分析与规范分析相结合。

1.2.5　均衡分析与非均衡分析方法

　　当正反两种力量正好相等、相互抵消时，我们说此时处于均衡状态。在西方经济学中，均衡是指在一个经济体系中，由于各种经济因素的相互作用而产生的一种相对静止状态。在经济学中，其不仅是指状态意义上的均衡，更是指行为意义上的均衡。所谓行为均衡，是指在这种状态下，谁也没有动机来打破现存的状态。市场均衡，不仅是状态均衡，更是行为均衡，即供需双方都不再愿意改变价格与产量。

　　均衡分析是指对均衡形成原因及其变动条件的分析，它假定经济变量的运动总是趋向均衡状态，据此研究经济现象如何达到均衡。例如，西方经济学中的均衡价格理论，就是假定商品价格总有成为均衡价格的趋势，然后用"价格调节供求，供求影响价格"这一市场机制来阐明均衡价格是怎样形成的。它可分为局部均衡分析和一般均衡分析两种。

　　局部均衡分析假定我们进行均衡分析的市场与其他市场间不存在相互影响。局部均衡分析是由英国经济学家阿尔弗雷德·马歇尔提出的，它考察经济系统的一个（或数个）消费者、一个（或数个）生产者、一个（或数个）企业或行业、一个（或数个）商品或要素的市场均衡状态。例如，在分析某一商品市场均衡时，必须排除该市场以外的其他一切经济变量的变动对该市场所产生的影响。因此，必须假定"其他因素不变"，才能对该市场进行均衡分析。局部均衡方法是马歇尔在《经济学原理》中经常使用的分析方法，可以分析一个产品、一个市场中的供需均衡问题，也可以扩展分析一些产品或市场中的均衡问题。为了进行这样的分析，就必须排除其他产品或市场对正在进行的均衡分析的影响。因此，这种分析方法是建立在"其他条件不变"的假定前提下的。

　　一般均衡分析是指对整个经济体系均衡状态的分析，研究所有的市场、商品的供求达到均衡的条件及均衡的变化，即研究总体均衡。它是由里昂·瓦尔拉斯提出的概念。总体均衡是瓦尔拉斯首先使用的分析方法，他认为，各个市场相互依存、相互影响，某一市场的变动会影响到其他市场的变化，因此有必要进行总体均衡分析。

　　非均衡分析则认为，经济变量并不一定趋向均衡，均衡是偶然的，非均衡才是经常的。据此研究非均衡条件下各种经济变量的变化和运动规律。其基本分析方法被概括为"短边法则"，即经济变量的数值取决于最短缺的因素。以商品价格为例，按非均衡分析方法，并不一定会形成均衡价格，在多数情况下，商品不是供过于求，就是供不应求，只有在偶尔情况下，才会实现供求均衡，达到均衡价格。当商品供过于求时，价格由需求决定，即所谓"买方市场"；当商品供不应求时，价格由供给决定，即所谓"卖方市场"。

　　目前，在西方经济学中占主导地位的是均衡分析方法，如微观部分的均衡价格理论、消费者均衡、厂商均衡，宏观部分的国民收入均衡，都贯穿了均衡分析的思路。作为一个系统，社会经济内部诸因素间在客观上存在一定的比例关系，因此均衡分析作为一种基本的经济学方法得到普遍应用是很自然的。但是，社会经济系统内部结构是相当松散的，并且经常处于变动之中，包括各因素间的数量比例关系，也都在不停地变化，因而非均衡分析的思路应引起重视。

1.2.6 静态分析与动态分析

　　静态分析与动态分析最早是由挪威经济学家拉格纳·弗里希于 20 世纪 30 年代从计量经济学的角度进行划分的。时至今日，经济学界常常将两者混淆在一起，导致许多纠缠不清的是非争论。

　　静态分析是在假定其他条件不变的前提下，以某些经济变量为自变量（不是以时间为自变量），研究作为函数的另一些经济变量随着作为自变量的经济变量取值的变化而变化的规律。也就是说，抽象掉时间因素和事物发展变化的过程，分析经济现象的均衡状态及其形成条件。当所使用的变量都是同一时期的，即不考虑时间因素的经济分析方法，就是静态分析。它是一种组合选择分析，其中自变量与函数的不同取值之间是一种并列关系，不存在时间先后顺序和前后演替关系。这种分析体现的是机械论思维方式，它假定其他因素都不变，只有一种或几种可变因素，在此前提下，孤立地研究可变因素对经济现象的影响，并把这种影响看作某种铁定不变的精确关系。

　　以需求定理为例，假定其他条件都不变，只有价格与商品需求量在变化，其中价格为自变量，商品需求量为函数。一般的规律是：当商品价格较高时，商品需求量就会较小；当商品价格较低时，商品需求量就会较大。这就属于静态分析。

　　在静态分析中，常用的是比较静态分析，指对两个均衡状态的比较分析。它并不论及怎样从原有的均衡状态过渡到新的均衡状态的变化过程，即对不同时点的状态进行比较，例如"价格上升，需求下降""收入增加，需求曲线右移"等，都是比较静态分析的结果。

　　动态分析是指在经济研究中纳入时间因素，分析从一个均衡状态进入另一个均衡状态的变化过程。动态分析的中心在于经济状态随时间而变动的过程或变动的机制，而不是对变动前后状态的比较。动态分析在函数表达中的基本特点是变量具有时间特征。

　　动态分析则是以时间为自变量，研究各种经济变量随时间的变化而变化的规律。这是一种过程演化分析，不同的变量状态之间是一种生长生成、演替进化的关系，有一定的时间顺序和前因后果关系。这里体现的是系统论和随机概率论思维方式，它将各种相关因素看作一个系统整体，考虑这些相关因素之间的交互作用，研究它们各自及它们共同对经济现象的影响，并认为这种影响并非铁定不变，而呈现一种概率关系。例如，从价格与需求量的关系来讲，若用动态分析，首先收集若干时期某种商品的价格和需求量（销售量）数据，建立商品价格和商品需求量的时间序列，从中观察商品价格与商品需求量随时间变化的轨迹；其次进一步进行相关统计分析，看商品价格的变化与商品需求量的变化是否存在相关关系；最后通过回归分析等方法建立商品需求量与商品价格之间的函数关系。结果可能让人大吃一惊：当商品价格较高时，商品需求量也较高；当商品价格较低时，商品需求量也较低，二者呈现同方向变化趋势，民间俗称"买涨不买跌"，与上述需求定理正好相反。那么，我们应该相信哪个结论呢？其实，这两个结论都没有错，只是分析方法不同、结论也不同罢了。

一般来说，静态分析的结论既不能用动态资料来证实，又不能用动态资料来证伪。需要注意的是，在文字描述上，静态分析常常给人以动态的错觉，如"当商品供过于求时，商品价格下降，引起需求增加，供给减少，逐渐趋于供求均衡；反之，当商品供不应求时，商品价格上涨，会促使供给增加，需求减少，最后也逐渐趋于供求均衡"这一段话，乍一看，商品价格、供给和需求都在变化，似乎是动态分析，但实质上是静态分析，其中价格与需求量取值的变化与时间无关。与此同时，动态分析到最后，通过对主要经济变量的时间序列数据做相关分析、回归分析等处理，建立起主要经济变量之间的函数关系，形如 $Q_d = 1\,000 - 3P$ 等，似乎是静态分析，但其实是动态分析，其中价格 P 本身是以时间为自变量的函数，从而需求量 Q_d 也是随着时间的变化而变化。

目前，经济学基础理论研究普遍采用静态分析方法。例如，西方经济学中的边际效用递减规律、边际替代率递减规律、边际技术替代率递减规律、边际收益递减规律、边际消费倾向递减规律，以及凯恩斯关于有效需求决定国民收入原理等，都是静态分析方法的杰作。

1.2.7 边际分析

边际分析是一种变量分析方法，它主要着眼于变量的比较，即研究当自变量每发生一个变化时，因变量的变化程度。也可以说，是研究一种可变因素的数量变动会对其他可变因素的变动产生多大影响的方法。边际分析是贯穿整个西方经济学理论的一个基本分析方法，是现代经济学的又一常用的分析方法。例如微观经济学中的边际效用、边际产量、边际成本和边际收益等概念，宏观经济学中的边际消费倾向和边际储蓄倾向等概念，以及与其相联系的一系列"边际"原理，都体现了边际分析方法。美国经济学家格里高利·曼昆在《经济学原理》中指出，"理性人考虑边际量"，并将其列为经济学的十大原理之一。

从数学的角度来看，边际分析就是对某变量求极值或者求一阶导数。从几何的角度来看，边际分析就是求曲线或直线的斜率。需要注意的是，边际分析只适用于存在极值的函数关系。例如函数单调递减，或单调递增，或呈正比例关系等，就不适用边际分析。

边际分析是 19 世纪后期奥地利学派的门格尔、维塞尔、庞巴维克等人开创的，目前已经成为西方经济学普遍应用的基本方法，其要点是把经济变量之间的关系看作一种函数关系，研究"自变量的增量"所引起的"函数的增量"的变化，其目的是要确定一个最佳的自变量值和函数值。例如，在小麦地里施用化肥，施肥量少了，产量上不去，施肥量多了，同样也可能使麦苗致病，甚至可能将麦苗"烧死"，导致产量下降。那么，施多少化肥才合适呢？这就需要进行试验研究。一般的做法是：将一块试验田分成若干试验小区，各试验小区其他条件保持一致，只是施肥量分别从少到多，逐渐增加，然后观察比较各试验小区间小麦产量的变化，看一看随着施肥量的增加，小麦产量的增加呈现什么规律，最后确定一个最佳的施肥量和最佳的小麦产量，这就是边际分析。

西方经济学家非常重视边际分析方法，把边际分析方法的发现和应用看成"边际革命"。自 19 世纪 70 年代"边际革命"兴起后，边际概念和边际分析法得到广泛传播，并构成西方经济学的重要组成部分。实质上，"边际"就是一阶导数，边际分析实质上就是将微分学引进了经济学，它导致了西方经济学的一场时代革命，史称"边际革命"。

1.2.8 个体分析、整体分析与系统分析相结合的方法

个体分析与整体分析是一对互补的分析社会经济现象的方法，是确定社会科学研究起点的基本研究规则。当某些现象中个体之间不发生反馈关系时，仅仅从个体出发就能对该社会现象进行可靠的分析。在某些社会现象中，个体之间必然要发生正负反馈的关系，这时要想得到可靠的认识，就有必要把社会现象作为一个整体进行分析。只采用其中任何一种分析方法，都不可能获得完整、全面而可靠的知识。

系统分析是奥地利生物学家路德维希·冯·贝塔朗菲提出的，源于 20 世纪 20 年代的"机体生物学"，它强调生命现象不能用机械论观点来揭示其规律，只能把它看作一个整体或系统加以考察。举例来讲，一台拖拉机由许许多个零件组成，每个零件都可以拆下来，拆下来之后，每个零件还是一个完整意义上的零件，这些零件重新组装起来，还是一台完整的拖拉机，像这样"部分可以脱离整体单独存在"就是机械论的观点。显然，这种机械论的观点是不能适用于生命现象的。20 世纪 40 年代，贝塔朗菲把系统论观点进一步推广到一般情形，提出了"一般系统论"，其代表作是《一般系统理论——基础、发展与应用》。

系统论新的归纳和发展：①事物都是一定历史环境的产物；②事物都是由若干元素组成的系统；③系统内部各元素之间相互联系形成一定的结构；④系统结构的形成取决于系统所处的外部环境；⑤系统结构在外部环境的推动下不断发展变化；⑥系统的结构决定系统的功能，这是系统论思想的核心；⑦一定的系统结构能够提高系统能量的有效

系数,从而使系统的整体功能大于内部各元素孤立功能之和,这就是著名的"系统效应",也即所谓的"1+1>2"。

目前,系统论思想在经济学界已经引起广泛关注,但在经济学基础理论研究中,系统论和系统分析方法并没有真正落到实处。一般来讲,经济学家还是习惯于传统的机械论思维方式。例如微观经济学部分的边际收益递减规律,假定其他因素都不变,只有一种可变生产要素,结果表明,随着该可变生产要素投入量的增加,边际产量起初递增,随后转为递减,直至变为负数。这就是一个比较典型的机械论分析。它有一个致命的弱点,就是假定其他条件不变,认为产量的变化与其他条件无关,这就无法解释边际产量为什么会由"递增"转为"递减"。对此,只有使用系统论思想,才能做出科学的解释。

在经济学基础理论研究中运用个体分析、整体分析与系统分析相结合的方法,最重要的是形成系统结构观点,要看到事物内部各因素之间,以及事物与其周围环境之间存在一定的联系,并形成一定的结构,共同影响事物的发展变化。

项目 2 微观经济学：市场理论

任务 2 需求、供给与价格

2.1 需求理论

人们进行经济活动是为了满足相应的需要，而研究消费者的需求是厂商经营活动的起点。

2.1.1 需求、需求表、需求曲线

需求可以用需求表、需求曲线和需求函数来表达。

2.1.1.1 需求的定义

需求是决定价格的关键因素之一，那么，什么是需求呢？我们可以给需求下这样一个定义：需求是指消费者（家庭）在某一特定时期内，在每一价格水平下愿意而且能够购买的某种商品或劳务的数量。"愿意"是指有购买欲望，"能够"是指有购买能力。

需求的定义说明了两个含义：需求是购买欲望与购买能力的统一，缺少任何一个条件都不能成为需求。

需求可分为个人需求和市场需求。个人需求是指单个消费者（或单个家庭）对某种商品的需求；市场需求是指全体消费者对某种商品需求的总和。由此可以推断，如果将同一价格水平上所有个人需求量逐一相加，就能够得出相应的市场需求量，也可以得出每一价格水平与其对应的市场需求量组合的集合，即市场需求。

2.1.1.2 需求表

除了以上可以用文字来表述需求的定义外，还可以通过表格的形式描述需求的概念。将消费者在一定时期和一定市场上，在不同的价格水平上愿意且能够购买的商品数量列成一张表格，这张表格就是需求表，它可以表示出某种商品的价格与消费者在此价位上愿意且能够购买的商品量之间的某种关系，见表 2-1：

表 2-1　某商品需求表

价格—数量组合	A	B	C	D	E	F	G
价格/元	1	2	3	4	5	6	7
需求量/单位数	700	600	500	400	300	200	100

如表 2-1 所示，在某一时期，某商品价格为 1 元，需求量 700 单位；如果价格上升为 2 元，需求量就为 600 单位。随着价格继续上升，该消费者购买商品的数量越来越少。表 2-1 表示某商品的价格与需求量之间的对应关系。

2.1.1.3 需求曲线

也可以将表 2-1 中不同的价格—需求量组合在平面坐标图上，绘制出一条线，如图 2-1 所示：

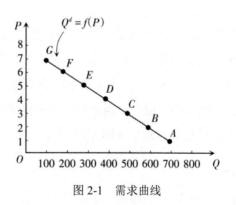

图 2-1　需求曲线

需求曲线的横坐标 OQ 代表商品的需求量，纵坐标 OP 代表商品的价格，依据表 2-1

需求表绘制出一条向右下方倾斜的直线。这种把价格与需求量结合在一起的向右下方倾斜的线称为需求曲线。实际上，需求曲线可以是直线形的，也可以是曲线形的。在微观经济学的分析中，为了简化分析的过程，在不影响结论的前提下，大多使用直线形的表达方式。至于需求曲线为什么一般是向右下方倾斜的，将在之后的消费者行为理论中进行深入分析和说明。

2.1.2 影响需求的主要因素

影响需求的因素包括影响购买欲望与购买能力的各种经济和社会因素，如价格、收入、消费者偏好与预期等。价格既影响购买能力，又影响购买欲望。收入更多地影响购买能力。消费者偏好与预期更多地影响购买欲望。

2.1.2.1 相关商品的价格

各种商品之间有着不同的关系，因此其他商品价格的变动也会影响某种商品的需求。商品之间的关系有两种，一种是互补关系，另一种是替代关系。

（1）互补关系（互补品），即两种商品共同满足一种欲望，它们之间相互补充。例如，汽车与汽油、家用电器与插线板、香烟与打火机之间就是互补关系。这种有互补关系的商品，当一种商品（例如汽油）价格上升时，对另一种商品（例如汽车）的需求就减少，因为汽油的价格上升，需求减少，对汽车的需求也会减少；反之，当一种商品价格下降时，对另一种商品的需求就增加。两种互补商品之间价格与需求呈现反方向变动关系。

（2）替代关系（替代品），即两种商品可以互相代替，以满足同一种欲望。例如，羊肉与牛肉、茶叶与咖啡之间就是这种替代关系。这种有替代关系的商品，当一种商品（例如羊肉）价格上升时，对另一种商品（例如牛肉）的需求就增加。因为羊肉价格上升，人们少吃羊肉，就会多吃牛肉；反之，当一种商品价格下降时，另一种商品的需求就减少。两种替代商品之间价格与需求呈现同方向变动关系。

2.1.2.2 消费者的收入水平

收入对需求的影响根据商品的不同特性而有所不同。对大部分正常商品而言，消费者的收入越高，对它们的需求就越大；反之则越小。而对另一部分劣等商品而言，随着收入水平的提高，对它们的需求反而下降。一些较低档的日用消费品，如化纤服装、塑料凉鞋等，在城镇居民收入有较大提高时，其需求就会下降。所以，增加国民收入就能起到扩大内需、刺激生产的作用。

2.1.2.3 消费者的偏好

随着社会生活水平的提高，消费不仅要满足人们的基本生理需求，还要满足人们各种心理与社会需求。消费者的偏好对需求的影响是显而易见的。一个消费者对某种商品的偏好增加后，即使价格不变，需求量也会增加。消费者的偏好会受种种因素的影响，例如社会消费风尚的变化、科技进步等，广告在一定程度上也会影响某种偏好。

2.1.2.4 消费者对未来的预期

预期包括消费者对自己未来收入水平与商品价格走势的预期。这种预期影响购买意愿，从而影响需求。一般而言，消费者如果预期未来收入水平将会上升，商品价格水平上涨则会增加现在的需求；反之，如果预期未来收入水平将会下降，商品价格水平下降则会减少现在的需求。

以上主要是从个人的角度分析影响需求的因素，表 2-2 清楚地列出了在一般情况下这些因素对需求的影响情况。在分析某种商品的社会需求时，除了以上因素外，还应该考虑人口数量、广告投放、气候变化、国家宏观经济政策等诸多因素。

表 2-2　影响需求的因素

因素	因素变动	需求变动	说明
替代品价格	↑	↑	同方向
互补品价格	↑	↓	反方向
消费者收入	↑	↑	同方向
消费者偏好	↑	↑	同方向
消费者预期	↑	↑	同方向

如果把影响需求的各种因素作为自变量，把需求作为因变量，则可以用函数关系来表示影响需求的因素与需求之间的关系，这种函数称为需求函数。以 D 代表需求，P_a 代表商品本身的价格，P_b 代表相关商品的价格，Y 代表收入，T 代表消费者的偏好，P_e 代表消费者价格预期，Y_e 代表消费者收入预期，则需求函数可以写为：

17

$$D = f\left(P_a, P_b, Y, T, P_e, Y_e\right) \tag{2-1}$$

假设其他条件不变，只考虑需求量与价格之间的关系，把商品本身的价格作为影响需求的唯一因素，以 P 代表价格，则需求函数可以写为：

$$D = f(P) \tag{2-2}$$

2.1.3 需求定理

在其他条件不变的情况下，某商品的需求量与价格之间呈现反方向变动关系，这种普遍存在的现象称为需求定理。需求量随着商品本身价格的上升而减少，随着商品本身价格的下降而增加。在理解需求定理时，要注意以下两点：

第一，其他条件不变是指影响需求的其他因素不变。在介绍实证分析方法时，我们曾指出假设条件的重要性。任何一种理论都只有在特定的条件下才能成立。离开具体假设条件，放之四海而皆准的绝对真理是不存在的。需求定理的假设条件就是"其他条件不变"，即除了商品本身的价格外，其他影响需求的因素都不变。例如，如果收入在增加，商品本身的价格与需求量就不一定呈现反方向变动。

一种商品的需求量为什么与价格呈现反方向变动呢？经济学家用替代效应和收入效应来解释这一点。

替代效应：在实际收入不变的情况下衡量某种商品价格变化对其需求量的影响。在收入不变的前提下，如果某种商品价格上涨了，而其他商品的价格没变，那么，其他商品的相对价格就下降了，消费者就要用其他商品来代替这种商品，对该商品的需求就减少了。例如，牛肉的价格上升而羊肉的价格不变，羊肉相对于牛肉就便宜了，人们就会更多地购买羊肉来替代牛肉。这种由于价格上升而引起其他商品对本商品的取代就是替代效应，它将降低对价格上升的商品需求量。

收入效应：在货币收入不变的情况下衡量某种商品价格变化对其需求量的影响。如果某种商品价格上涨了，而消费者的货币收入并没有变，那么，消费者的实际收入就减少了，从而对这种商品的需求也会减少。这种由于商品价格上升而引起实际收入减少，继而导致需求量减少的现象就是收入效应。

替代效应强调了一种商品价格变动对其他商品相对价格水平的影响，收入效应强调一种商品价格变动对实际收入水平的影响。需求定理所表明的商品价格与需求量呈现反方向变动的关系，是这两种效应共同作用的结果。

第二，需求定理是指一般商品的规律，但这一定理也有例外，例如满足消费者虚荣心理的炫耀性商品、吉芬商品和投机性商品。

炫耀性商品：炫耀性商品是指用来显示人们身份和社会地位的商品，如贵重首饰、高档手表、豪华轿车等，这类商品只有在高价时才有炫耀的作用，通常价格越高，富人越愿意购买，从而彰显自己的富有。因此，当商品价格下降时，需求反而减少，这时商品本身的价格与需求量之间呈现同方向变化关系。

吉芬商品：19 世纪 40 年代，爱尔兰出现了大灾荒，虽然土豆的价格在饥荒中急剧上涨，但爱尔兰农民反而增加了对土豆的消费。英国学者罗伯特·吉芬通过调查分析发现，在饥荒这样的特殊时期，面包、肉类、土豆的价格都上涨了，但人们的收入大大减少，更买不起面包、肉类，相对便宜的土豆便成为人们的首选，这样对土豆的需求反而增加，使得土豆的价格增长比其他食品类的价格增长更快。这一类有悖于一般需求定理的廉价商品被命名为吉芬商品。在其他因素不变的情况下，随着价格上升，吉芬商品的需求量反而增加。

投机性商品：投机性商品的需求量对价格变化的反应呈现不确定性。有时价格越高，消费者的需求量越大；也有时价格越低，需求量越大，价格变化不太确定。投机性商品有股票、债券、黄金和邮票等，投机性商品受人们心理预期的影响较大，需求呈现不规则变化。

我们可以用需求函数来表示需求定理：

$$Q_d = a - bP \qquad\qquad (2\text{-}3)$$

在上式中，a、b 为常数，且 a、$b > 0$，a 表示需求曲线在横轴上的截距，是与价格 P 无关的自发性需求。即当 $P = 0$ 时，$Q_d = a$；$-b$ 表示需求曲线相对于价格轴的斜率，表明需求量与价格呈负相关，即该函数所对应的需求曲线为一条直线。

2.1.4 需求量的变动与需求的变动

在经济分析中，特别要注意区分需求量的变动与需求的变动。

需求量的变动是指在其他条件不变的情况下，商品本身价格变动所引起的需求量的变动。需求量的变动表现为同一条需求曲线上的移动，可用图 2-2 来说明这一点。

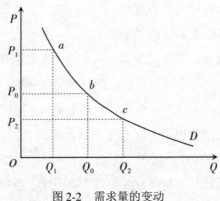

图 2-2　需求量的变动

在图 2-2 中，当价格由 P_0 上升为 P_1 时，需求量从 Q_0 减少到 Q_1，在需求曲线上则是从点 b 向上移动到点 a。当价格由 P_0 下降到 P_2 时，需求量从 Q_0 增加到 Q_2，在需求曲线上则是从点 b 向下移动到点 c。

需求的变动是指在商品本身价格不变的情况下，其他因素变动所引起的需求的变动。需求的变动表现为需求曲线的平行移动，可以用图 2-3 来说明这一点：

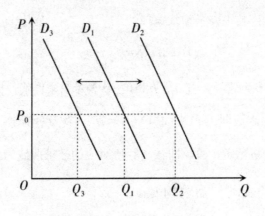

图 2-3　需求的变动

在图 2-3 中，由于其他因素变动（例如收入变动）而引起需求曲线的移动。例如，收入减少了，在同样的价格水平时，需求从 Q_1 减少到 Q_3，则需求曲线由 D_1 向左移动到

D_3；反之，收入增加了，在同样的价格水平时，需求从 Q_1 增加到 Q_2，则需求曲线由 D_1 向右移动到 D_2。

表 2-3 列出了决定市场上商品需求量的因素，以及这些因素的变动是如何影响需求曲线的。简言之，在其他所有决定需求的因素不变时，一种物品价格变动将导致其需求量沿供给曲线变动。当这些其他决定因素有所变化时，需求曲线也会随之移动。

表 2-3　需求的决定因素

影响需求的因素	因素变动
价格	沿着需求曲线变动
收入	需求曲线移动
相关物品价格	需求曲线移动
偏好	需求曲线移动
预期	需求曲线移动

需要注意的是，不要把需求的变化与需求量的变化相混淆。商品本身价格不变，当影响需求的某一种因素发生变化时，需求会发生变化。需求增加，需求曲线向右移动；需求减少，需求曲线向左移动。

当商品本身的价格发生变动，影响需求的其他因素不变时，需求量会发生变化。此时，商品购买量的增加并不是来自需求的增加，而是来自价格的下降。这一变化代表需求量沿着需求曲线进行移动。

2.2 供给理论

2.2.1 供给、供给表、供给曲线

2.2.1.1 供给

供给是决定价格的另一个关键因素，那么，什么是供给呢？我们可以给供给下这样的一个定义：供给是指厂商在某一特定时期内，在每一价格水平时愿意而且能够供应的

某种商品的数量。它代表供给欲望与供给能力的统一，反映了厂商的供给量与商品价格这两个变量之间的关系。

单个生产者对某种商品的供给是企业供给，把一个行业所有企业的供给加在一起就是行业供给。

2.2.1.2 供给表

供给表是描述在每一可能的价格下商品供给量的列表。假定在 2020 年第一季度（在某一特定时期内），某厂商在每一价格时某商品的供给量见表 2-4：

表 2-4 某商品的供给表

价格—数量组合	A	B	C	D	E
价格/元	2	3	4	5	6
供给量/单位数	0	200	400	600	800

这个表示某商品的价格与供给量之间对应关系的表就是供给表。

根据表 2-4，我们可以做出图 2-4：

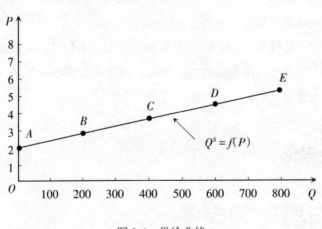

图 2-4 供给曲线

在图 2-4 中，横轴 OQ 代表供给量，纵轴 OP 代表价格，S 即为供给曲线。供给曲线是根据供给表画出的，表示某种商品价格与供给量之间关系的曲线，向右上方倾斜。实际上，供给曲线既可以是直线形的，也可以是曲线形的，为了简化研究，一般用直线形。

2.2.2 影响供给的因素：供给函数

影响供给的因素包括影响厂商供给愿望与供给能力的各种经济与社会因素，如价格、生产要素的数量与价格、技术，以及预期等。价格既影响供给意愿，又影响供给能力。生产要素的数量与价格、技术主要影响供给能力。预期更多地影响供给意愿。

2.2.2.1 生产技术

在市场要素既定的情况下，技术越先进，效率越高，所提供的商品就越多，使得生产商品的单位成本迅速下降，在同一价格水平下愿意并且能够提供的商品就越多，供给量增加。所以，在生产中提高技术是重要的。

2.2.2.2 生产要素的数量与价格

生产要素的数量与价格是决定供给的因素之一。生产过程就是投入与产出的过程，在这一过程中需要不断地投入各种生产要素，如人力、资本、原材料、机器设备和厂房等。当这些生产要素的价格上涨时，生产产品的成本就比较高，在收入不变的情况下，利润就会变少，生产者就会考虑减少供给甚至停产。所以，投入生产要素的数量与价格是影响供给的一个重要因素。

2.2.2.3 生产者对未来的预期

生产者对未来的预期主要是指厂商对未来价格的预期。如果厂商预期未来价格会上升，就会把已生产出来的商品储存起来，或者现在减少生产，这样就会减少当前短期的供给，以便在未来价格上升时增加供给；反之，如果预期价格将下跌，则会大量抛售，使短期供给增加。

以上主要是从个别企业的角度分析影响供给的因素，如果分析某种商品的行业供给，还应该考虑行业企业的数量、相关商品的价格和国家的政策等因素。此外，供给还受到一些特殊因素，如气候、自然灾害、市场结构、疫情及战争等的影响。

如果把影响供给的各种因素作为自变量，把供给作为因变量，则可以用函数关系来表示影响供给的因素与供给之间的关系，这种函数关系称为供给函数。以 S 代表供给，

以 P 代表商品本身的价格，F_q 代表生产要素的数量，F_p 代表生产要素的价格，T 代表技术，P_e 代表价格预期，则供给函数可以写为：

$$S = f\left(P, F_q, F_p, T, P_e\right) \tag{2-4}$$

假设其他条件不变，只考虑供给量与价格之间的关系，把 S 商品本身的价格作为影响供给的唯一因素，以 P 代表价格，则供给函数可以写为：

$$S = f(P) \tag{2-5}$$

供给函数所对应的为一条向右上方倾斜的曲线。

2.2.3 供给定理

2.2.3.1 供给定理及假设

在其他条件不变的情况下，某商品的供给量与价格之间呈现同方向变动，供给量随着商品本身价格的上升而增加，随着商品本身价格的下降而减少。这种普遍存在的现象称为供给定理，它是说明商品本身价格与其供给量之间关系的理论。

在理解供给定理时，要注意以下两点：

第一，供给定理是在假定影响供给的其他因素不变的前提下，研究商品本身价格与供给量之间的关系。离开"在其他条件不变的情况下"前提，供给定理无法成立。例如，当技术进步时，即使某种商品价格下降，供给也会增加。

第二，供给定理是指一般商品的规律，但这一定理也有例外。例如，有些商品的供给量是固定的，价格上升，供给也无法增加（文物、艺术品就属于这种情况）。

供给定理所说明的供给量与价格的同方向变动关系，可以用生产成本来解释。作为生产要素的资源总是有限的，某种商品的供给增加，就需要更多的生产要素，为了把生产要素从其他商品的生产中吸引过来，就要提高生产要素的价格，生产成本由此增加。所以，在其他条件（如生产技术等）不变时，只有当一种商品价格上升时，供给才会增加。这一点我们将在"生产理论"中进一步说明。

我们可以用供给函数来表示供给定理，这时供给函数可以写为：

$$Q_s = -a + bP \tag{2-6}$$

在上式中，a、b 为常数，且 a、$b > 0$。a 表示供给曲线在横轴上的截距，即当 $P = 0$ 时，$Q_s = -a$，b 表示供给曲线相对于价格轴的斜率。

2.2.3.2 供给定理的特例

供给定理反映一般商品的供给规律，对于特殊商品则是例外。典型的特殊商品有劳动、供给量固定的商品和投机性商品。

劳动：劳动的供给起初会随着工资的提高而增加，但是当工资高到一定程度后，劳动者会更看重休闲娱乐，对货币的需求不如之前迫切。这时，随着工资的进一步提高，劳动的供给反而会减少。

供给量固定的商品：其供给量一般不会随着价格的变动而变动（如土地、古董和名画等）。

投机性商品：受人们心理预期影响较大，供给呈不规则变化（如股票、债券、黄金和邮票等）。

2.2.4 供给量的变动与供给的变动

在分析供给问题时，同样要注意区分供给量的变动与供给的变动。

供给量的变动是指在其他条件不变的情况下，商品本身价格变动所引起的供给量的变动。供给量的变动表现为同一条供给曲线上的不同点的移动。如图 2-5 所示，当商品价格从 P_1 上升到 P_2 时，供给量相应地由 Q_1 增加到 Q_2，所对应的点 A 和点 B 是在同一条供给曲线 S 上。

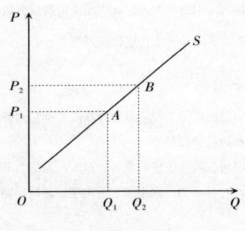

图 2-5　供给量的变动

　　供给的变动是指在商品本身价格不变的情况下，其他因素变动所引起的供给的变动。供给的变动表现为供给曲线的平行移动。如图 2-6 所示，假定原来的供给曲线为 S_1，如果其他因素变化导致供给增加，那么供给曲线会向右平移至 S_2。相反，如果其他因素变化导致供给减少，那么供给曲线会向左平移至 S_3。例如，技术进步会导致供给曲线向右移动，而政治局势的恶化等，则会导致供给曲线向左移动。

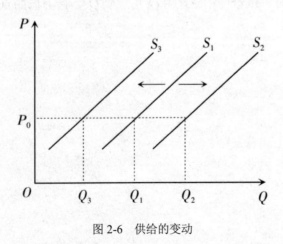

图 2-6　供给的变动

表 2-5 中列出了决定市场上供给量的因素，以及这些因素的变动是如何影响供给曲线的。简言之，在其他所有决定供给的因素不变时，一种物品价格变动将导致其供给量沿供给曲线变动。当这些其他决定因素有所变化时，供给曲线也会随之移动。

表 2-5　供给的决定因素

影响供给的因素	因素变动
价格	沿着供给曲线变动
投入要素价格	供给曲线移动
技术	供给曲线移动
预期	供给曲线移动

我们可以用经济学的供求规律分析很多生活现象。以歌手在演唱会的高额出场费为例，如果想听演唱会的人增加了，而歌手的供给不变，则门票的价格就会上升，由于演唱会举办方与歌手都能从高价的门票中得到更多的收益，他们会增加演唱会的场次，歌手的高出场费就可以被充足的门票收入所支持；同理可以推出，如果没有那么多歌迷，需求减少，门票的价格必然下降，主办方会减少演唱会的场次，歌手的出场费也将根据市场的情况进行调整。

2.3 均衡价格

在商品或者服务的市场上，需求和供给是决定市场价格的两种相互对立的经济力量，卖者希望价格高，而买者希望得到更低的价格；供需两种经济力量的相互作用使得市场达到均衡状态，此时买者愿意购买的数量正好等于卖者所愿意出售的数量。处于均衡状态的价格即为均衡价格。接下来，我们将具体分析均衡价格是如何决定，又如何变动的。

2.3.1 均衡价格的含义

均衡价格是指一种商品需求量与供给量相等时的价格，该商品相等的需求量与供给量称为均衡数量。均衡是供求相等的状态，此时，该商品的需求曲线和供给曲线相交于一点，称为均衡点。

商品的均衡价格是商品需求与供给两种经济力量共同作用的结果，由市场机制自发调节形成，其形成过程也就是价格决定的过程，如图 2-7 所示：

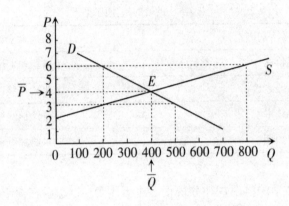

图 2-7　均衡价格的决定

在图 2-7 中，横轴代表数量（需求量与供给量），纵轴代表价格（需求价格与供给价格），D 为需求曲线，S 为供给曲线。D 与 S 相交于点 E，这就决定了均衡价格为 4元，均衡数量为 400 单位。当市场价格偏离均衡价格时，市场上会出现需求量与供给量不相等的非均衡状态。

对均衡价格的理解应注意以下三点：

第一，均衡价格的含义。均衡是指经济中各种对立的、变动着的力量处于一种相当的、相对静止的、不再变动的状态。均衡一旦形成，如果有另外的力量使它离开原来均衡的位置，则会有其他力量使之恢复到均衡。均衡价格就是受到需求和供给这两种力量的作用使价格处于一种相对静止的状态。

第二，决定均衡价格的是需求与供给。这里要强调的是，在一个完全竞争、不存在垄断的市场上，只有需求与供给决定价格，它们就像一把剪刀的两个边一样，不分主次。因此，需求与供给的变动都会影响均衡价格的变动。

第三，市场上各种商品的均衡价格是最后的结果，形成过程是在市场的背后进行的。

当市场供求实现均衡时，消费者愿意支付的价格即需求价格，与生产者愿意接受的价格即供给价格相等，消费者愿意而且能够购买的需求量与生产者愿意而且能够提供的供给量也相等。这时的状态也就是所谓的市场出清，即在均衡价格水平下，市场上每一个消费者都买到了他想买的所有东西，生产者也卖出了他想卖的所有东西。

2.3.2 均衡价格的形成

均衡价格是由市场上对立而又不停变化的供求关系决定的，是在市场上供求双方的竞争过程中自发形成的。均衡价格的形成也就是价格决定的过程。当供过于求时，生产者之间的竞争会导致价格下降；当供不应求时，消费者之间的竞争会导致价格上升；供求双方在价格的波动中逐渐趋向一致，并形成双方都能接受的价格。只有当供给量等于需求量，并且供给价格等于需求价格时，双方处于相对平衡的状态，此时的价格才是均衡价格。需要强调的是，均衡价格的形成完全是自发的，如果有外力的干预（如垄断力量的存在或国家的干预），那么这种价格就不是均衡价格。

表 2-6 展示了均衡价格形成的过程。在价格为 3.6 元时，商品的需求量超过了供给量，市场上商品短缺，较多的消费者抢购较少的商品，生产者就可以抬高自己的价格。价格上升减少了需求量，并增加了供给量，价格会持续上升，直至市场达到均衡为止。如果价格上升至 4.2 元，此时消费者觉得价格太高不愿意购买，市场上供给量大于需求量，存在商品过剩，生产者就会降低价格。价格下降增加了需求量，并减少了供给量，价格会持续下降，直至达到市场均衡。

表 2-6 均衡价格的形成

供给量/斤	价格/元	需求量/斤	价格变动趋势
50	3.6	200	↑上升
80	3.8	150	
100	4.0	100	均衡
150	4.2	80	↓下降
200	4.4	50	

均衡价格的形成过程也可以借助图形分析说明。市场上某种商品的均衡价格总是经过买卖双方讨价还价而最终形成的。在图 2-8 中，如果某一商品初始的市场价格为每斤 4.2 元，需求量为 80 斤，而供给量为 150 斤，供过于求（图上的 a 至 b），价格必然按箭头所示方向向下移动。如果价格为每斤 3.8 元，则需求量为 150 斤，供给量为 80 斤，供不应求（图上的 c 至 d），价格必然按箭头所示方向向上移动。这种一涨一跌的现象

会一直继续下去，直至最终达到价格为每斤 4 元时为止。因为这时供求相等，均衡就实现了。这样，每斤 4 元就是均衡价格。

均衡价格形成的自发性正是市场机制有效配置资源的重要原因，也是"看不见的手"的魅力所在，是自由放任式的经济模式。

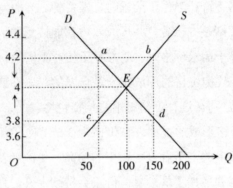

图 2-8　均衡价格的形成

2.3.3 需求与供给变动对均衡的影响

均衡价格与均衡数量是由需求与供给决定的，而需求与供给又是不断变化的。所以，需求或供给任何一方的变动都会引起均衡价格的变动。在分析各因素如何影响均衡价格时，可以分为三步：第一步，这种因素变动影响需求还是供给；第二步，引起需求或供给如何变动，即需求曲线或供给曲线朝哪个方向移动；第三步，这种变动的结果是什么。

2.3.3.1 需求变动对均衡的影响

如前所述，在现实的经济生活中，造成需求变动的因素有很多，例如消费者收入水平、预期等。在价格不变的情况下，影响需求的其他因素变动将引起需求曲线的平行移动。假设供给不变（供给曲线的位置不移动），需求增加或减少会对均衡数量和价格产生什么影响呢？

如图 2-9 所示，需求曲线 D_1 与供给曲线 S 相交于点 E_1，均衡价格和均衡数量分别是 P_1 和 Q_1。当需求增加时，需求曲线 D_1 向右移动至 D_2，此时均衡点为点 E_2，均衡价

格上升至 P_2，均衡数量增至 Q_2。当需求减少时，需求曲线 D_1 向左移动至 D_3，新的均衡点为点 E_3，此时均衡价格下跌至 P_3，均衡数量减少至 Q_3。可见，在供给不变的情况下，需求的变动会引起均衡价格和数量同方向变化。需求增加引起均衡价格上升，均衡数量增加；需求减少引起均衡价格下降，均衡数量减少。

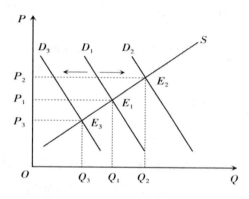

图 2-9 需求变动对均衡的影响

2.3.3.2 供给变动对均衡的影响

与需求类似，除价格外，影响供给的因素变动会引起供给曲线的移动。例如，一场鸡瘟就会引起鸡肉供给减少，供给曲线向左移动。假设需求不变，供给变动将会如何影响均衡点呢？

如图 2-10 所示，需求曲线 D 与供给曲线 S_1 相交于点 E_1。均衡价格和均衡数量分别是 P_1 和 Q_1。当供给减少时，供给曲线向左平移至 S_3，此时均衡点为点 E_3，均衡价格上升至 P_3，均衡数量减少至 Q_3。当供给增加时，供给曲线 S_1 向右平移至 S_2，新的均衡点为点 E_2，此时均衡价格下降至 P_2，均衡数量增加至 Q_2。因此，在需求不变的情况下，供给的变动会引起均衡价格反方向变动，均衡数量同方向变动；供给增加引起均衡价格下降，均衡数量增加；供给减少引起均衡价格上升，均衡数量减少。

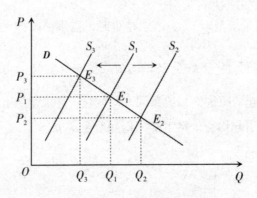

图 2-10　供给变动对均衡的影响

2.4 价格理论的应用

在市场经济中，经济的运行是由价格这只"看不见的手"调节的，也就是说，资源配置是由价格来决定的，那么，价格是如何发挥这种作用的呢？

2.4.1 市场经济与价格机制

市场经济是一种用价格机制来决定资源配置的经济体制。一般而言，市场经济应该具备以下三个特点：第一，决策机制是分散决策。消费者和生产者都是独立的，且均为自己资源的所有者，他们根据自己的目标分散地做出决策；第二，协调机制是价格，这是使个人决策在整个经济体中自发实现一致的关键；第三，激励机制是个人物质利益。根据理性经济人假设，任何一项经济行为都是为了实现自己的利益最大化，即消费者的效用最大化与生产者的利润最大化。

2.4.2 价格在经济中的作用

价格机制又称市场机制，是指价格对市场经济进行调节的方式及其内在规律。美国经济学家本杰明·弗里德曼把价格在经济中的作用归纳为三种：第一，传递情报；第二，提供一种刺激，促使人们采用最节省成本的生产方法，把可得到的资源用于最有价值的目的；第三，决定谁可以得到多少产品，即收入的分配。这三个作用是密切关联的。

这三种作用实际上解决了资源配置所包括的三个问题，即生产什么、如何生产和为谁生产。价格在经济调节中具有不可替代的作用。

首先，价格是反映市场供求状况的指示器。市场的供求受各种因素的影响，每时每刻都在变化。这种变化是难以直接观察到的，但它却可以迅速地反映在价格的变动上。

其次，价格的变动可以调节需求与供给。消费者为了实现效用的最大化，一定会按价格的变动进行购买与消费。厂商为了实现利润的最大化，也一定会按价格的变动进行生产与销售。因此，价格上升会减少需求而增加供给，价格下降则会增加需求而减少供给。

最后，价格可以使资源配置达到最优状态。通过价格对需求与供给的调节，市场最终会达到均衡。此时，供需相当，消费者的欲望得到了满足，生产者的资源得到了充分利用。社会资源通过价格分配于各种用途上，这种分配使消费者的效用最大化和生产者的利润最大化得以实现。

2.4.3 对价格干预的市场结果

如前所述，市场机制是自发地调节经济的，价格完全由供求决定。如果存在外力（如政府）干预价格这种自发调节经济的过程，会有什么结果呢？我们以许多国家政府经常采用的价格上限和价格下限来说明这一问题。

2.4.3.1 限制价格

限制价格又称价格上限，是政府限制某种商品价格上升而规定的这种商品的最高价格。在政府规定了价格上限的情况下，如果市场均衡价格低于这种价格上限，价格仍由供求决定，价格上限实际上并不起作用。但如果供求决定的价格高于价格上限，价格上限就对价格有制约作用，阻止价格的上升，这时起作用的不是市场决定的均衡价格，而是政府规定的价格上限。

价格上限一定是低于均衡价格的。根据需求定理与供给定理，低价会引起需求的增加和供给的减少。因此，在实行价格上限时，市场上必然会出现供给小于需求的供给不足状况。

如图 2-11 所示，由供求所决定的市场均衡价格是 P_e，均衡数量是 Q_e；而政府规定的价格上限为 P_0，均衡价格高于政府规定的价格上限（$P_e > P_0$），这时需求量为 Q_2，供给量为 Q_1，产品供应不足，供给缺口为 $Q_2 - Q_1$。

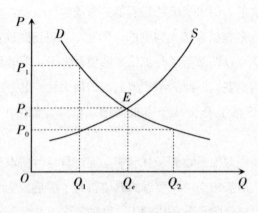

图 2-11 限制价格

限制价格政策一般是在战争或自然灾害等特殊时期使用，但也有许多国家对某些生活必需品或劳务长期实行限制价格政策。

当实行限制价格政策时，价格起不到调节市场供求的作用。政府解决供给不足主要有两种方法，即配给制和排队。配给制是由政府有关部门决定谁可以得到紧缺的物品，当需求者多、供给不足时，政府有关部门只好用配给的办法决定把物品给谁。这种配给制可以采用发放定量票证的方法，也可以按某种条件配给。政府往往需要设立一个专门进行配给工作的机构，主管官员在拥有分配物品的权力后更可能出现腐败受贿的现象。排队是采用先来后到的原则，产品卖完为止。人们为了得到紧缺的物品，就要把部分资源（劳动时间）用于排队。因此，实行价格上限将引起资源的浪费。

价格上限的执行还可能导致黑市交易，即破坏正常市场秩序的违法交易。由于价格被固定，供给无法增加，黑市价格就由需求决定，必然高于均衡价格。在图 2-11 中，当价格上限为 P_0 时，供给量为 Q_1，这时需求与供给相等的价格为 P_1。P_1 就是黑市价格，它不仅高于价格上限 P_0，还高于市场开放时应该达到的均衡价格 P_e。

2.4.3.2 支持价格

支持价格又称价格下限，是政府为了扶植某种商品的生产而规定的该商品的最低价格。根据需求定理与供给定理，高价会引起需求的减少和供给的增加。因此，在实行价格下限时，市场上必然出现供给大于需求的供给过剩状况。

如图 2-12 所示，某行业产品由供求所决定的均衡价格为 P_e，均衡数量为 Q_e。政府为支持该行业生产而规定的价格下限为 P_0，$P_0 > P_e$，这时需求量为 Q_1，供给量为 Q_2，$Q_2 > Q_1$，即供给量大于需求量，供给过剩的部分为 $Q_2 - Q_1$。

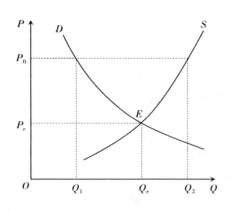

图 2-12　支持价格

许多国家实行的农产品支持价格和最低工资都属于价格下限。就农产品而言，由于其周期性的生产特点，农民的收入、农业发展很容易受到自然条件变化的影响。因此，农产品的支持价格对于稳定农业生产和农民的收入有着积极的意义。但这也导致了农产品过剩，不利于市场调节农业结构；而过剩的农产品要由政府收购，增加了财政负担。最低工资政策有利于维护低收入者的利益，增加了劳动供给，但它同时减少了劳动需求，有增加失业的副作用。

以上分析了供给、需求、价格的形成及政府对价格的干预等。市场经济的基本原则是价格自发调节经济，该放开的价格一定要放开。但同时我们也应该明白，价格的这种作用不能绝对化。在有些情况下，政府对价格的干预是非常必要的，例如对垄断者的干预。换个角度来说，竞争不充分，价格的调节就不会完善。

任务 3 弹性理论

3.1 需求价格弹性

3.1.1 需求价格弹性的含义

弹性是一个物理学的名词,是指物体对外部力量的反应程度。在经济学中,弹性指当经济变量之间存在函数关系时,因变量对自变量变化的反应程度,其大小可以用两个变化的百分比的比例来表示。

需求的价格弹性又称需求弹性,是指价格变动的比率所引起的需求量变动的比率,即需求量变动对价格变动的反应程度。

在理解需求弹性的含义时,要注意以下五点:

第一,在需求量与价格两个经济变量中,价格是自变量,需求量是因变量。

第二,需求弹性系数是价格变动的比率与需求量变动的比率的比值,而不是价格变动的绝对量与需求量变动的绝对量的比率。绝对值有计量单位,不同的计量单位之间是不能相比的;而变动的比率采用百分比的形式,没有计量单位。例如,价格变动的绝对量是元或角,需求量变动的绝对量是千克或吨,这当然是无法相比的,但价格变动的百分比与需求量变动的百分比则可以相比。

第三,弹性系数的数值既可以为正值,也可以为负值。如果两个变量为同方向变化,则为正值;反之,如果两个变量为反方向变化,则为负值。一般情况下,价格与需求量呈反方向变动,需求弹性的弹性系数应该为负值。在实际运用时,为了方便起见,一般都取其绝对值。这样处理后,需求弹性系数越大,说明该商品需求量对价格的敏感度越高。

第四,同一条需求曲线上不同点的弹性系数大小并不相等(点弹性)。

第五,从不同方向计算同一段弧的需求价格弹性系数是不同的(弧弹性)。

3.1.2 需求价格弹性的计算

各种商品的需求弹性是不同的,一般用需求弹性的弹性系数(需求量变动的比率与价格变动的比率的比值）来表示弹性的大小。

需求价格弹性 ＝ 需求量变动百分比÷价格变动百分比

如果以代表需求弹性的弹性系数，以 $\dfrac{\Delta Q}{Q}$ 代表需求量变动的比率，以 $\dfrac{\Delta P}{P}$ 代表价格

变动的比率，则需求弹性的弹性系数的一般公式为：

$$E_d = \frac{\dfrac{\Delta Q}{Q}}{\dfrac{\Delta P}{P}} = \frac{\Delta Q}{\Delta P} \times \frac{P}{Q} \tag{3-1}$$

3.1.3 需求价格弹性的分类

根据弹性系数绝对值的大小，我们可以将需求价格弹性分为以下几类：

第一类，需求富有弹性，即 $E_d > 1$。

在这种情况下，需求量变动的比率大于价格变动的比率，一个较小的价格变动就会带来需求量大幅度的变动。这时的需求曲线是一条比较平坦的向右下方倾斜曲线，如图 3-1（a）所示。在现实生活中，富有弹性的商品非常多，如珠宝、汽车、机票和豪华游轮旅行等非必需品或奢侈品。

第二类，需求缺乏弹性，即 $0 < E_d < 1$。

在这种情况下，需求量变动的比率小于价格变动的比率，当价格发生较大变动时，需求量只会发生较小的变动。此时的需求曲线是一条比较陡峭的向右下方倾斜的曲线，如图 3-1（b）所示。在现实生活中，缺乏弹性的商品非常多，如生活必需品和农产品等。

第三类，单位需求弹性，即 $E_d = 1$。

在这种情况下，需求量变动的比率与价格变动的比率相等。没有一种商品永远都是单位弹性，但是各种类型的商品在一定时期都会出现这种情况。此时的需求曲线是一条正双曲线，如图 3-1（c）所示。在现实生活中，需求价格弹性恰好等于 1 的商品非常少，可以认为是一种巧合，例如运输服务在某些时候就是单位弹性商品。

第四类，需求弹性无穷大，即 $E_d = \infty$。

在这种情况下，当价格为既定数值时，需求量是无限的，需求的变化往往由价格以外的因素引起。此时的需求曲线是一条与横轴平行的直线，如图 3-1（d）所示。需求价格弹性无穷大可以这样来理解：即使商品价格变化非常小，需求量也会变化无穷大，需求量对价格变化的反应程度非常大。在现实生活中，这种类型的商品也非常少，例如银行以一个固定价格收购黄金，无论有多少黄金，都可以按这一价格收购，银行对黄金的需求是无限的，这时黄金的需求弹性便无穷大。

第五类，需求完全无弹性，即 $E_d = 0$。

在这种情况下，无论价格如何变动，需求量都不会变动。此时的需求曲线是一条与横轴垂直的曲线，如图 3-1（e）所示。在现实生活中，需求价格弹性为零的商品很少。只有一些生存必需品，当消费量达到一定量后，接近这种特性，例如急救药等特殊商品。胰岛素是糖尿病人维持生命所必需的药品，对单个病人来说，无论价格如何变动，需求量也不变，胰岛素的需求弹性为零。

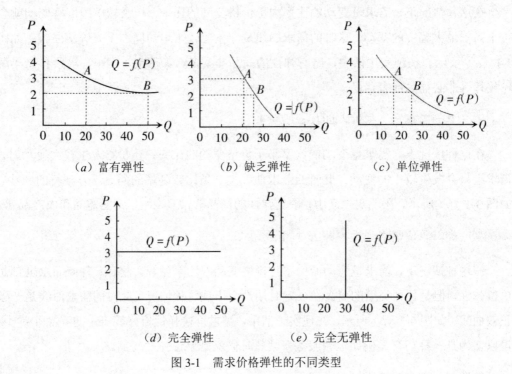

图 3-1　需求价格弹性的不同类型

3.1.4 需求价格弹性的影响因素

为什么各种商品的需求弹性不同呢？一般来说，有以下几种因素影响需求弹性的大小：

第一，商品的必需程度。一般来说，消费者对生活必需品的需求强度大而稳定，所以生活必需品的需求弹性小；而且越是生活必需品，其需求弹性越小。例如，粮食、水等这类生活必需品一般都缺乏弹性。相反，消费者对奢侈品的需求强度小而不稳定，因此奢侈品往往富有弹性。例如，出国旅行这类消费的需求弹性一般都大，旅行社稍稍降价就可能带来很多新订单。

第二，商品的可替代程度。如果一种商品有许多替代品，那么，该商品的需求就富有弹性。当价格上升时，消费者会购买其他替代品；当价格下降时，消费者会购买这种商品来取代其他替代品。例如，消费者对航空旅行的需求弹性大，主要是因为飞机有汽车、火车等作为替代。相反，如果一种商品的替代品很少，则该商品的需求缺乏弹性。例如，法律服务几乎没有可以替代的服务，所以法律服务的需求弹性就小，我们可以发现各律师事务所之间对同类案件（纠纷）的代理定价相差不大。

第三，商品本身用途的广泛性。一种商品的用途越广泛，其需求价格弹性也就越大；而一种商品的用途越少，则其需求价格弹性也就越小。例如，电力商品的需求弹性大与其用途广泛相关，而食用盐的需求弹性小就与其用途少有关。

第四，商品使用时间的长短。一般来说，使用时间长的耐用消费品需求弹性大，而使用时间短的非耐用消费品需求弹性小。例如，电冰箱、汽车这类耐用消费品的需求弹性大，而报纸、杂志这种印刷品的需求弹性就小。

第五，商品在家庭支出中所占的比例。在家庭支出中占比例大（小）的商品，价格变动对需求的影响大（小），所以其需求弹性也大（小）。例如，香烟占家庭支出的比例很小，其需求弹性就小，而汽车在家庭支出中的比例较大，其需求弹性就大。

第六，消费者调节需求量的时间。消费者对同一种商品在不同时期的需求可能不同。汽油在短期内的需求非常缺乏弹性，而在长期内的需求则弹性较大。当油价上涨时，在短期内消费者来不及调整需求量，因而需求弹性小。但是从长期来看，消费者可以找到替代品，例如购买新能源汽车或搭乘公共交通工具，以减少对汽油的需求，因而在长期内其需求弹性大。

总之，一种商品需求价格弹性的大小是由多种影响因素共同作用的结果。同一种商品在不同时间、不同市场上的需求价格弹性不尽相同，需要具体情况具体分析。在以上六种影响需求弹性的因素中，最重要的是商品必需程度、商品可替代程度和商品在家庭支出中所占的比例。某种商品的需求弹性到底有多大，是由上述因素综合决定的，不能只考虑其中的一种因素，而且某种商品的需求弹性也因时期、消费者的收入水平和地区不同而不同。例如，以前航空旅行是奢侈品，其需求弹性非常大，所以航空公司通过小幅降价就可以吸引许多乘客。随着社会经济的发展，飞机成为日常交通工具，航空旅行不再是奢侈品，其需求弹性就变小了，降价难以带来需求量的增长，航空公司只能通过提高服务质量来吸引乘客。与此相类似，在我国彩电、冰箱和家用电脑等商品刚出现时，其需求弹性也相当大，但随着人们收入水平的提高和此类商品的普及，其需求弹性逐渐变小了。

3.2 其他弹性

需求价格弹性是应用最为广泛的弹性，除此之外，需求量的变动还与收入及其他相关商品的价格有关。供给量与价格变动之间也存在弹性。表示需求量与收入之间关系的弹性称为需求收入弹性，表示需求量与其他相关商品价格之间关系的弹性称为需求交叉弹性，表示供给量与价格之间关系的弹性称为供给价格弹性。下面对这三种弹性进行简单介绍。

3.2.1 需求收入弹性

3.2.1.1 需求收入弹性的含义与计算

需求量的变动不仅取决于价格，还取决于收入。需求收入弹性又称收入弹性，表示在一定时期内，消费者对某种商品需求量的变动相对于消费者收入量变动的反应程度，是商品需求量变动的比率与消费者收入变动的比率之比。计算收入弹性系数的公式如下：

$$E_m = \frac{\dfrac{\Delta Q}{Q}}{\dfrac{\Delta Y}{Y}} = \frac{\Delta Q}{\Delta P} \times \frac{Y}{Q} \qquad (3\text{-}2)$$

在上式中，Q 为商品的需求量，Y 为消费者的收入水平，ΔQ、ΔY 分别为需求量与收入的变动量。

应考虑需求收入弹性系数的正负问题。如果收入提高，商品的需求增加，即收入与需求同方向变动，那么收入弹性系数为正；如果收入提高，商品的需求反而减少，则收入弹性系数为负。事实上，在经济学中，所谓的正常物品和低档物品就是考虑到了收入与需求变动的不同方向。正常物品是指在其他条件不变时，收入增加引起需求量增加的物品，收入弹性为正；而低档物品是指在其他条件不变时，收入增加引起需求量减少的物品，收入弹性为负。

3.2.1.2 需求收入弹性的分类

在其他条件不变的情况下，消费者收入增加后对各种商品的需求也会变化，但对不同商品需求变化的程度并不相同。也就是说，各种商品的收入弹性大小不尽相同。收入弹性一般分为以下五类：

第一类，收入无弹性，即 $E_m = 0$。在这种情况下，无论收入如何变化，需求量都保持不变。

第二类，收入缺乏弹性，即 $0 < E_m < 1$。在这种情况下，需求量变化的比率小于收入变化的比率。

第三类，单位收入弹性，即 $E_m = 1$。在这种情况下，需求量变化的比率等于收入变化的比率。

第四类，收入富有弹性，即 $E_m > 1$。在这种情况下，需求量变化的比率大于收入变化的比率。

第五类，收入负弹性，即 $E_m < 0$。在这种情况下，消费者收入变化会引起商品需求量的反方向变化。

显然，对于正常商品而言，需求量随着消费者收入的增加而增加；而对于低档商品，当消费者收入增加时，反而会减少其需求量。因此，正常商品的需求收入弹性大于零，而低档商品的需求收入弹性小于零。

3.2.2 需求交叉弹性

需求交叉弹性又称交叉弹性，是指在相关的两种商品中，一种商品价格变动比率所引起的另一种商品的需求量变动比率，即一种商品的需求量变动对另一种商品价格变动的反应程度，其计算公式如下：

$$E_{xy} = \frac{\dfrac{\Delta Q_x}{Q_x}}{\dfrac{\Delta P_y}{P_y}} = \frac{\Delta Q_x}{\Delta P_y} \times \frac{P_y}{Q_x} \qquad (3\text{-}3)$$

在上式中，Q_x 是商品 X 的需求量，P_y 是相关商品 Y 的价格。

根据各种商品之间的不同关系，其交叉弹性是不同的。交叉弹性系数是正数还是负数，取决于两种商品是替代关系还是互补关系。

一是在互补品之间，一种商品的需求量与其互补品价格呈反向变动，交叉弹性 $E_{xy} < 0$。交叉弹性系数的绝对值越接近于 1，互补关系越密切。

二是在替代品之间，一种商品的需求量与其替代品的价格呈同向变动，需求交叉弹性 $E_{xy} > 0$。例如猪肉和牛肉，如果猪肉的价格上涨，人们就会减少对猪肉的购买，用牛肉来替代猪肉。交叉弹性系数越接近于 1，表明替代性越强。当交叉弹性大于 1 时往往伴随着技术革新。例如，技术革命之后的马车与汽车之间，就出现过弹性系数大于 1 的替代关系。

三是若 $E_{xy} = 0$，则表明两种商品之间没有关系，互相独立。

在现实生活中，需求交叉弹性较大的若干种商品经常被集中起来进行生产和经营，以充分利用资源，增加竞争力，获得长期稳定的收益。例如，拥有多条生产线的大型企业同时生产多种相关产品，渔具专业商店汇集并出售各种品牌的渔具及配套产品。此外，厂商还可利用交叉弹性，测定行业之间的产品交叉关系，以制定正确的竞争策略。

3.2.3 供给价格弹性

3.2.3.1 供给价格弹性的含义与计算

供给价格弹性又称供给弹性，是指价格变动的比率与供给量变动的比率之比，即供给量变动对价格变动的反应程度，其计算公式如下：

$$E_s = \frac{\dfrac{\Delta Q}{Q}}{\dfrac{\Delta P}{P}} = \frac{\Delta Q}{\Delta P} \times \frac{P}{Q} \tag{3-4}$$

例如，某种商品价格上升为 10%，供给量增加为 20%，则这种商品供给弹性系数是 2。因为供给量与价格一般呈同方向变动，所以供给弹性系数通常大于或等于零。

3.2.3.2 供给价格弹性的分类

一般将供给价格弹性分为以下五类：

第一类，供给无弹性，即 $E_s = 0$。在这种情况下，无论价格如何变动，供给量都不变，例如土地、文物和某些艺术品的供给。这时的供给曲线与横轴垂直，如图 3-2（a）所示。

第二类，供给有无限弹性，即 $E_s = \infty$。在这种情况下，价格既定而供给量无限。这时的供给曲线与横轴平行，如图 3-2（b）所示。

第三类，单位供给弹性，即 $E_s = 1$。在这种情况下，价格变动的比率与供给量变动的比率相同。这时的供给曲线与横轴成 45°，向右上方倾斜，如图 3-2（c）所示。

第四类，供给富有弹性，即 $E_s > 1$。在这种情况下，供给量变动的比率大于价格变动的比率。这时的供给曲线向右上方倾斜，且较为平坦，如图 3-2（d）所示。

第五类，供给缺乏弹性，即 $E_s < 1$。在这种情况下，供给量变动的比率小于价格变动的比率。这时的供给曲线向右上方倾斜并且较为陡峭，如图 3-2（e）所示。

在现实生活中，常见的情况是供给富有弹性和供给缺乏弹性。

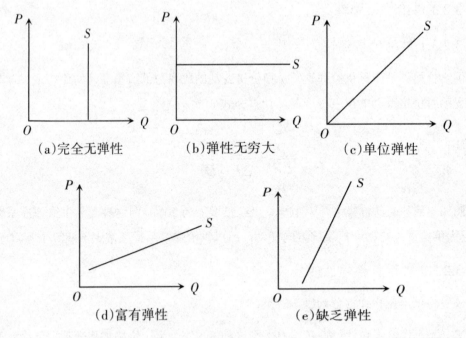

图 3-2　供给价格弹性的不同类型

3.2.3.3 影响供给价格弹性的因素

供给价格弹性受许多因素的影响，下面介绍一些主要的影响因素。

（1）产量调整的难易程度。一般来说，在价格变化时，能较容易地增加或减少其供应量的产品，对价格变动的反应较强，因而供给价格弹性大；而不太容易改变其生产供应量的产品，对价格变动的反应较弱，供给的价格弹性较小。

产量调整的难易程度，在很大程度上与生产所需要的技术、生产周期长短，以及生产本身的难易程度有关。重工业品属于资本密集型产品，生产较为困难，生产周期较长，供给价格弹性较小；食品、服装等轻工业产品，大部分属于劳动密集型产品，生产比较容易，周期较短，供给价格弹性较大。

（2）时间的长短。在影响一种商品供给弹性的因素中，最重要的是时间因素。一般来说，在价格发生变动的极短时间内，生产者来不及调整产量，供给无法立即增加或减少，所以即期供给弹性几乎为零。随着价格的继续变化，生产者可以通过调整劳动力、原材料等生产要素来改变供给量，但却无法改变厂房、设备等固定要素，产量变动的幅度有限，因而短期内供给缺乏弹性。长期来看，价格变动后，生产者对所有的要素都可以调整，供给可以变动很多，所以长期供给富有弹性。

任务 4 消费者行为理论

4.1 基数效用论与边际效用分析

由于消费者选择行为的目标是在一定条件的约束下追求自身的效用最大化，因此消费者行为理论也可称为效用理论。我们将从这一概念出发，介绍相关知识。

4.1.1 效用

效用是指商品满足人的欲望的能力，是指消费者在消费商品时所感受到的满足程度。一种商品对消费者是否具有效用，取决于消费者是否有消费这种商品的欲望，以及这种商品是否具有满足消费者欲望的能力。

效用这一概念与人的欲望是联系在一起的，它是消费者对商品满足自己欲望的能力的一种主观心理评价。效用具有以下特点：

第一，效用是对欲望的满足，具有很强的主观性。某种物品的效用大小没有客观标准，完全取决于消费者在消费它时的主观感受。例如，一支香烟对吸烟者来说，可以有很大的效用，而对不吸烟者来说，则可能毫无效用，甚至有负效用。因此，一种商品或劳务是否有效用，要看它能否满足人们的欲望或需要。

第二，效用不是一成不变的，它作为一种主观感受，因人、因时、因地而不相同。例如，同一件棉衣，在冬天或寒冷地区给人带来的效用很大，但在夏天或热带地区只能带来负效用。

第三，效用不同于商品的价值。它源于物品本身的使用价值，但又不同于使用价值。使用价值是物品本身具有的属性，是客观存在的，不以人的主观感受为转移。例如，上面提到的香烟，无论对吸烟者还是不吸烟者来说，它都具有使用价值。效用不仅取决于使用价值，也取决于消费者的偏好。消费者对某种物品或物品组合的偏好越高，从消费这种物品或物品组合中得到的效用也就越大。

在研究消费者行为时，效用是一种心理感觉，我们强调的是效用的主观性，这种主观性是消费者行为研究的重点。消费者行为理论也更偏重心理分析，但这种个体主观性所表现出的消费者行为却有着共同的规律可循。

4.1.2 基数效用论

既然效用是用来表示消费者在消费商品时所感受到的满足程度，那么应该如何度量这种满足程度呢？在这一问题上，经济学家首先提出了基数效用论。

基数效用论是研究消费者行为的一种理论，其基本观点是：效用是可以计量并加总求和的，因此效用的大小可以用基数（1，2，3……）来表示。例如，某消费者吃一块面包得到的满足程度是 5 个效用单位，买一个包得到的满足程度是 6 个效用单位，消费这两种物品得到的总满足程度就是 11 个效用单位。根据这种理论，可以用具体的数字来研究消费者效用最大化问题。

经济学家们在用基数效用论解释问题时，有三个假设的前提：一是假定物品的效用可以用某种单位计量并加总求和；二是假设消费者在消费多种物品时得到的效用是各自独立的，互不影响；三是假设所有的消费者都是理性的，在既定收入下，消费者会对消费品进行组合，以获得最大效用。

下面通过基数效用论分析消费者的行为，我们将采用边际效用分析法。

4.1.3 边际效用分析

4.1.3.1 总效用、边际效用和边际效用递减规律

总效用是指从消费一定量的某种物品中得到的总的满足程度，用 TU 表示。边际是增量，是指自变量增加所引起的因变量的增加量。在边际效用分析中，自变量是某物品消费量，而因变量则是消费者因此获得的满足程度（效用）。单位消费量变动引起的总效用的变动即为边际效用，用 MU 表示。总效用与边际效用的关系如表 4-1 所示：

表 4-1　总效用与边际效用的关系

消费品数量	总效用	边际效用
0	0	0
1	10	10
2	18	8
3	24	6
4	28	4
5	30	2
6	30	0
7	28	-2

在表 4-1 中，消费量从 1 单位增加到 2 单位，满足程度从 10 个效用单位增加到 18 个效用单位，即增加 1 单位消费量，总效用增加了 8 个效用单位，边际效用为 8；消费量从 2 增加到 3，即再增加 1 单位的消费量时，总效用从 18 增加到 24，增加了 6 个效用单位，边际效用为 6。依此类推，继续往下分析，当消费量为 7 时，边际效用为-2，即消费量由第 6 单位增加到第 7 单位将带来的边际效用为负数。

根据表 4-1 可做出图 4-1，横坐标代表该物品的消费量，纵坐标代表总效用 TU 或边际效用 MU。从图 4-1 中可以看出，MU 曲线是向右下方倾斜的，它反映了边际效用的递减规律，TU 曲线是以递减的速率先上升后下降的。

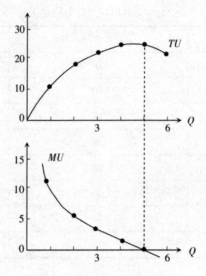

图 4-1 总效用和边际效用

总效用与边际效用之间存在的关系是：当边际效用为正值时，总效用曲线呈上升趋势；当边际效用递减为 0 时，总效用达到最大；当边际效用继续递减为负时，总效用曲线呈下降趋势。我们也可以这样说：随着消费者消费的物品数量的增加，其总效用虽然相应地增加，但物品的边际效用却随着消费物品数量的增加呈递减的趋势。总效用有可能达到一个极大值，超过了这一点，物品的边际效用等于零或变为负数。所谓边际效用是负数，就意味着对于某种物品的消费超过一定量以后，继续消费不但不能增加消费者的满足程度和享受状态，反而会引起消费者的厌恶情绪和导致消费者心情的不愉快。

在总效用和边际效用的这种关系中，实际上包含着一个很重要的规律，即随着消费者对某种物品消费量的增加，他从该物品连续增加的消费单位中得到的边际效用是递减的。这种现象普遍存在于消费者的消费过程中，一般称为边际效用递减规律。

边际效用递减规律普遍存在于一切物品的消费中。英国经济学家马歇尔把这一规律称为"人类本性的一种平凡而基本的倾向"，并把这一规律作为解释消费者行为与需求定理的基础。

为什么在消费过程中会呈现边际效用递减规律呢？原因有两点：一是从人的生理和心理的角度来讲，从每一单位商品的消费中感受的满足程度和对重复刺激的反应程度是递减的；二是当一种商品拥有几种用途，且不同用途的重要性不同时，消费者总是将第一个单位的商品用在最重要的用途上，此时边际效用最大，把第二个单位的商品用在次要的用途上，由于商品用途的重要性递减，消费者获得的边际效用相应递减。

边际效用递减规律在起作用时，有严格的规定：一是消费的连续性，二是商品的完整性。边际效用递减是指消费者从该物品连续增加的消费单位中得到的边际效用是递减的。在理解这一规律时，还应注意：首先，它暗含着消费者的性格和爱好不发生任何变化的假设；其次，在假设理性消费者追求总效用最大的前提下，当边际效用降低到零时，消费者一般不会再增加消费量；最后，从货币的角度来看，当货币数量持续增加时，边际效用有可能递减，但不会下降到负数，而是当递减到某一效用水平之后，其再递减的程度几乎近于零，此时货币的边际效用呈现类似不变的常数，所以我们通常假设货币的边际效用不变。

4.1.3.2 消费者均衡——效用最大化的实现

消费者均衡是消费者行为理论的核心，它研究单个消费者如何把有限的货币收入分配在各种商品的购买中以获得最大的效用。效用最大化原则指在消费者收入既定的情况下，消费者实现效用最大化的均衡购买行为。

效用最大化原则有三个基本假设：第一，消费者收入是既定的，每 1 元货币的边际效用对消费者都是相同的，不存在递减问题。只有货币的边际效用不变，才能用它衡量其他物品的效用。同时，由于消费者的货币收入总是有限的，同样的货币可以购买不同的物品，所以这个假设在一般情况下也是合理的。第二，消费者偏好是既定的，即对各种物品效用与边际效用的评价不会发生变动。第三，物品的价格是既定的。消费者均衡正是要说明在这些假设条件下，消费者如何把有限的收入分配在各种物品的购买与消费上，以获得最大效用。

在这些假设下，效用最大化原则可以这样表述：消费者用全部收入购买的各种物品带来的边际效用，与为购买这些物品支付的价格的比例相等。也就是说，每一单位货币得到的边际效用都相等。

假设消费者收入为 I，他现在购买并消费 X、Y 两种物品，价格分别为 P_x 和 P_y，所购买的两种物品的数量分别为 Q_x 和 Q_y，X 和 Y 所带来的边际效用分别为 MU_x 和 MU_y，每一单位货币的边际效用为 MU_m。上述效用最大化实现的条件，可以用以下公式来表示：

$$P_x \times Q_x + P_y \times Q_y = I \quad\quad\quad （4\text{-}1）$$

$$\frac{MU_x}{P_x} = \frac{MU_y}{P_y} = MU_m \quad\quad\quad （4\text{-}2）$$

式（4-1）是收入的限制条件，购买物品的支出不能超过收入，由于追求效用最大化，购买物品的总支出也不会小于收入。式（4-2）是消费者均衡的条件，即购买物品带来的边际效用与其价格之比相等。每一单位货币无论是用于购买 X 商品，还是用于购买 Y 商品，得到的边际效用都是相等的。

如果消费者消费多种物品，则公式可以变化为：

$$P_1 \times Q_1 + P_2 \times Q_2 + P_3 \times Q_3 + \cdots + P_n \times Q_n = I \quad\quad\quad （4\text{-}3）$$

$$\frac{MU_1}{P_1} = \frac{MU_2}{P_2} = \frac{MU_3}{P_3} = \cdots = \frac{MU_n}{P_n} = MU_m \quad\quad\quad （4\text{-}4）$$

式（4-4）是对消费者通过消费实现其效用最大化的理论概括。虽然消费者不一定了解这一原则，但在消费过程中，他总是自觉或不自觉地运用这一原则去实现效用的最大化。为什么只有在 $\frac{MU_x}{P_x} = \frac{MU_y}{P_y}$ 时，才能获得效用的最大化呢？我们这样分析：

如果 $\frac{MU_x}{P_x} > \frac{MU_y}{P_y}$，表示支付同样的货币额，购买 X 商品得到的边际效用大于购买 Y 商品得到的边际效用。这时，消费者就会增加对 X 商品的购买量，减少对 Y 商品的购买量。同时，由于边际效用递减规律的作用，当 X 商品购买量逐渐增多时，其边际效用会递减，而 Y 商品的边际效用则因为数量变少而递增。因此，消费者就会调整他的购买决策，增加对 Y 商品的购买量，减少对 X 商品的购买量。这种调整的过程一直会延续到 $\frac{MU_x}{P_x} = \frac{MU_y}{P_y}$ 为止。当 $\frac{MU_x}{P_x} < \frac{MU_y}{P_y}$ 时，也可以做出同样的分析，此处不再赘述。

因此，只有在 $\frac{MU_x}{P_x} = \frac{MU_y}{P_y}$ 时，消费者才不再调整他的购买量，他在此时得到了最大满足，即无论购买什么，当最后一块钱获得的边际效用都相等时，消费者的购买决策达到最优，实现有限收入条件下的效用最大化。

4.2 序数效用论与无差异曲线分析

在基数效用论中，将主观心理状态的效用用基数衡量很难让人信服。同时，对每一种商品都给定效用值，既是困难的，又是不必要的。20 世纪 30 年代，约翰·希克斯等经济学家提出了序数效用理论。序数效用论认为，效用无法具体衡量，效用之间的比较只能通过顺序或等级表示。序数效用论采用无差异曲线分析方法来分析消费者的行为，并广泛应用于许多经济问题的分析，在现代经济学中占有极其重要的地位。

4.2.1 序数效用论

序数效用论是为了弥补基数效用论的缺点而提出的另一种研究消费者行为的理论。其基本观点是：效用作为一种心理现象无法计量，也不能加总求和，只能表示满足程度的高低与顺序，因此效用只能用序数（第一，第二，第三……）来表示。消费者偏好于哪一种消费，哪一种消费的效用就是第一。例如，消费者消费一杯可乐与一杯冰激凌，他从中得到的效用是无法衡量的，也无法加总求和，更不能用基数来表示，但他可以比较从消费这两种物品中得到的效用。如果他认为可乐带来的效用大于冰激凌带来的效用，那么可以说，可乐的效用第一，冰激凌的效用第二。

序数效用论之所以用消费者偏好的高低来表示满足程度的高低，是基于以下关于偏好的假设：一是完备性，即消费者对每一种商品都能说出偏好顺序；二是可传递性，即消费者对不同商品的偏好是有序的、连贯一致的，若 A 大于 B、B 大于 C，则 A 大于 C；三是不充分满足性，即消费者认为商品数量总是越多越好。

就分析消费者行为而言，序数效用可以减少消费者的主观心理因素带来的影响。序数效用理论采用无差异曲线分析法。

4.2.2 无差异曲线分析

4.2.2.1 无差异曲线

无差异曲线是用来表示两种商品的不同数量的组合给消费者带来的效用完全相同

的一条曲线。在这一概念中，"无差异"是指效用没有差异，即对消费者来说消费选择给他带来的效用是相同的，满足程度是无差别的。

假设有 X_1 与 X_2 两种商品，消费者对它们的消费量的组合有很多种，有些组合给他带来的感觉最好，即效用第一，有些组合给他带来的满足程度稍微差一些，有些则更差，这些效用可以依次用第一、第二、第三……表示。表 4-2 列出了几组给消费者带来相同满足程度的消费组合，将它们绘制在坐标图中，就可以得到一条曲线（如图 4-2 所示）。

表 4-2　无差异曲线表

组合方式	X_1	X_2
A	20	130
B	30	60
C	40	45
D	50	35
E	60	30
F	70	27

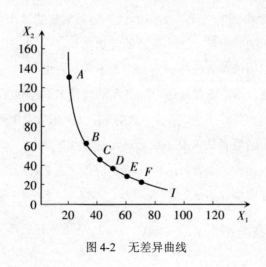

图 4-2　无差异曲线

在图 4-2 中，横轴代表 X_1 物品的消费量，纵轴代表 X_2 物品的消费量，根据表 4-2

中的数据标出 A、B、C、D、E、F 六个点，它们形成一条曲线 I。由于其上各点所代表的 X_1 与 X_2 数量组合都能给消费者带来相同的满足程度（效用），该曲线称为无差异曲线。

在表 4-2 中，虽然不同组合中各商品数量不同，但均能给消费者带来相同的满足程度。因此，可以避开效用不能测量的问题，这也是序数效用论与基数效用论不同的地方。在图 4-2 中，无差异曲线并没有明确消费决策的具体效用数值，只是表示它们给消费者带来的满足程度是相同的，这正反映了序数效用论的"效用作为一种心理现象无法计量，也不能加总求和，只能表示出满足程度的高低与顺序"。

无差异曲线有四个非常重要的特点，如图 4-3 所示：

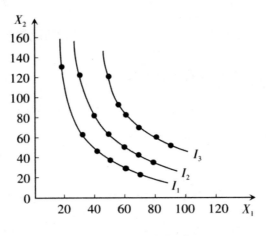

图 4-3　无差异曲线的特点

第一，无差异曲线是一条向右下方倾斜的曲线，其斜率为负值。无差异曲线的斜率反映了消费者愿意用一种物品替代另一种物品的比率。在通常情况下，在收入与价格既定的条件下，消费者为了得到相同的满足，在减少一种物品消费量的同时，必须增加另一种物品的消费量。所以，大多数无差异曲线向右下方倾斜。

第二，在同一平面图上，可以有无数条无差异曲线，不同的无差异曲线代表不同的效用。离原点越远的无差异曲线代表的效用越大；离原点越近的无差异曲线代表的效用越小。

第三，在同一平面图上，任意两条无差异曲线不能相交。因为在交点上两条无差异曲线代表了相同的效用，与第二个特征相矛盾。

第四，无差异曲线凸向原点，这是由边际替代率递减决定的。边际替代率是指消费者在保持相同效用时，减少一种物品的消费量与增加另一种物品的消费量的比，即无差异曲线的斜率。边际替代率取决于消费者已经消费的物品量。在多数情况下，人们更愿意放弃他们已经拥有的数量较多的物品，不愿意放弃他们拥有的为数不多的物品。

4.2.2.2 消费可能线

对于大多数消费者而言，都想能够消费更多的物品，例如买到更多喜欢的商品、开豪华轿车、有更多的时间度假等，但这些消费都会受到收入的限制。消费可能线又称家庭预算线，是一条表明在消费者收入与商品价格既定的条件下，他所能购买到的物品数量最大组合的线。

消费可能线在关于消费者均衡的内容里已经初步介绍过，用 I 表示消费者的既定收入，用 P_1 和 P_2、X_1 和 X_2 分别表示商品 1 和商品 2 的价格及数量，则有：

$$I = P_1 \times X_1 + P_2 \times X_2 \qquad (4\text{-}5)$$

该式表示，消费者的全部收入等于他购买商品 1 和商品 2 的总支出。

I、P_1、P_2 为既定的常数，该式可以改写成：

$$X_2 = \frac{I}{P_2} - \frac{P_1}{P_2} \times X_1 \qquad (4\text{-}6)$$

也就是说，预算线斜率为 $-\dfrac{P_1}{P_2}$，纵截距为 $\dfrac{I}{P_2}$，横截距为 $\dfrac{I}{P_1}$；横纵截距分别表示若以全部收入购买商品 1 或商品 2 的数量，如图 4-4 所示：

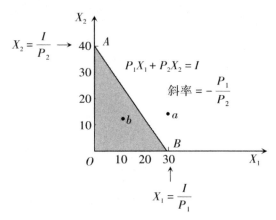

图 4-4　消费可能线

4.2.2.3 消费者效用最大化的实现

前面已经分别讨论了无差异曲线和消费可能线。无差异曲线说明了消费者的偏好，即他想要什么；消费可能线说明了消费者在收入和商品价格既定时所能消费的商品组合，即他能买得起什么。现在将两者结合起来分析消费者的消费决策。

图 4-5 是某消费者的消费可能线和他的三条无差异曲线。无差异曲线 **UL** 与消费可能线相切于 E 点，这代表商品组合（X_1^*，X_2^*）是消费者在该支出水平（AB 线）上所能实现的最大效用。a 点和 b 点虽然也在消费可能线上，消费者可以买得起，但他们的效用处于无差异曲线 U_1 上，而 $U_1 < U_2$，即以较多的钱实现了较低的满足程度，资源被浪费了。U_3 代表的效用大于 U_2，但 U_3 上的数量组合点均在消费可能线之外，因而无法实现。

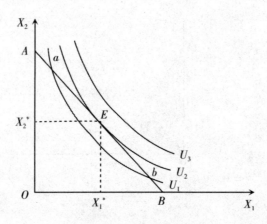

图 4-5　消费者最优消费决策

如果消费者收入增加，在商品价格不变的情况下，消费可能线会向右平行移动，代表消费者可以选择更好的商品组合，在图形中会出现新的切点。类似的，如果收入不变而某一物品的价格发生变化，消费可能线的位置发生相应变动，消费者的决策也将改变。

4.2.3 序数效用论和基数效用论与消费者均衡分析的比较

在结尾处，我们把序数效用论和基数效用论与消费者均衡理论结合起来分析它们的异同。

第一，含义不同、条件不同。

基数效用论：效用可以用绝对数计量，不同商品可以进行比较。以边际效用递减和货币边际效用不变为前提。

序数效用论：效用大小无法具体衡量，效用之间比较只能通过排列顺序、等级来表示，商品可替代，且商品边际替代率递减。

第二，分析方法不同。

基数效用论：运用边际效用分析法、边际效用递减规律研究效用最大化。

序数效用论：运用无差异曲线和消费可能性分析，用边际替代率递减取代边际效应递减进行分析。

第三，结论相同，即得到同样的效用最大化条件。

在边际分析中，效用最大化的条件是：

$$\frac{MU_x}{P_x} = \frac{MU_y}{P_y} \qquad (4\text{-}7)$$

在无差异曲线分析中，效用最大化是两条线相切时的切点：

$$MRS_{xy} = \frac{\Delta Y}{\Delta X} = \frac{P_x}{P_y} \qquad (4\text{-}8)$$

需要证明 $MRS_{xy} = \dfrac{MU_x}{MU_y}$，证明过程如下：

设消费两种商品和的总效用为 TU，X、Y 商品的边际效用为 MU_X、MU_Y，根据边际效用定义公式，有：

$$MU_x = \frac{\Delta TU}{\Delta X} \qquad (4\text{-}9)$$

$$MU_y = \frac{\Delta TU}{\Delta Y} \qquad (4\text{-}10)$$

由式（4-9）得 $\Delta X = \dfrac{\Delta TU}{MU_x}$，由式（4-10）得 $\Delta Y = \dfrac{\Delta TU}{MU_y}$，

因此，

$$MRS_{xy} = \frac{\Delta Y}{\Delta X} = \frac{\dfrac{\Delta TU}{MU_y}}{\dfrac{\Delta TU}{MU_x}} = \frac{MU_x}{MU_y} \qquad (4\text{-}11)$$

可见，运用边际效用分析法得出的效用最大化的条件与运用无差异曲线分析法得出的条件是相同的。在分析消费者行为时，可以用不同的方式来表达：消费者的目标是在既定收入下实现总效用最大，即消费者最优时用于所有物品的每一元钱的边际效用都相等；或者在消费者可能约束的条件下，实现最大可能的无差异效用，即无差异曲线和消费可能线相切。

4.3 消费者行为对企业决策的启示

在市场经济中，消费者主权是指企业要根据消费者的需求进行生产。消费者行为理论告诉我们，消费者购买物品是为了效用最大化，而且物品的效用越大，消费者愿意支付的价格越高。

根据消费者行为理论，企业在决定生产什么时，首先要考虑商品能给消费者带来多大的效用。我们知道，效用是一种心理感觉，取决于消费者的偏好。因此，企业要使自己生产出的产品能卖出去，而且能卖高价，就要分析消费者的心理，能满足他们的偏好。从社会的角度来看，消费者的偏好首先取决于消费时尚。不同时代有不同的消费时尚，在现代社会中消费时尚的变化是极快的。一个企业要成功，不仅要了解当前的消费时尚，而且要善于发现未来的消费时尚。这样才能从中了解消费者的偏好及变动，并及时开发出能满足这种偏好的产品。同时，消费时尚也受广告的影响。成功的广告会引导一种新的消费时尚，从而左右消费者的偏好。这正是企业要做广告的原因之一。从个人来看，消费者的偏好要受个人立场和伦理道德观的影响。不同的消费者收入与社会地位不同，他们的偏好也不相同。不能希望某一种产品能满足不同的消费者偏好，所以企业在开发一种新产品时，一定要知道是为谁服务的，这个服务对象的特定偏好是什么。企业在开发产品时要定位于某一群体消费者，针对他们的爱好开发产品。这就是市场营销中所说的产品市场细分与市场定位。

消费者行为理论还告诉我们，一种产品的边际效用是递减的。如果一种产品仅仅是数量增加，它带给消费者的边际效用就在递减，消费者愿意支付的价格就低了。因此，企业生产的产品要多样化，即使是同类产品，只要不相同，就不会引起边际效用递减。例如，将同类男装做成不同的式样，就可以成为不同的产品，而如果是完全相同的男装，则会引起边际效用递减，消费者不会多购买。边际效用递减原理启示企业要不断创新，生产丰富多样的产品。

项目 3 微观经济学：厂商理论

任务 5 生产者行为理论

5.1 厂商

生产者行为理论的研究对象是决定供给的生产者。在经济学中，商品市场的供给者称为"厂商"，是指能够做出统一生产决策的单个经济单位。

5.1.1 厂商的组织形式

市场经济在其数百年的孕育和发展过程中，逐步形成了以下三种基本的企业制度：

第一，个人业主制企业。个人业主制企业是指个人出资兴办，完全归个人所有和个人控制的企业。这种企业在法律上称为自然人企业，是最早产生也是最简单的企业形态。

个人业主制企业的优点在于：开设、转让与关闭等行为仅需向政府登记即可，手续非常简单。利润全归个人所得，不需与别人分摊。经营制约因素较少，经营方式灵活。易于保护技术、工艺和财务秘密。其弊端也非常明显：首先责任无限，但规模有限。这种企业的发展受到两个方面的限制：一是个人资金的限制。二是个人管理能力的限制。企业与业主同存亡，业主的死亡、破产、犯罪或转业都可能使企业不复存在。因此，企业的雇员和债权人不得不承担较大的风险。

第二，合伙制企业。合伙制企业是由两个或两个以上的企业主共同出资，为了利润共同经营，并归若干企业主共同所有的企业。合伙人出资可以是资金、实物或知识产权。由于投资者（合伙人）较多，才智与经验更多，资金来源渠道更广，合伙企业的发展余地更大。但合伙人之间的意见可能难以统一，这使企业规模仍受局限。产权转让时须经所有合伙人同意方可进行。因此，合伙企业的产权转让较为困难，合伙人责任无限且连带。

第三，公司制企业。公司制企业是由许多人集资创办并且组成一个法人的企业。公司是法人，在法律上具有独立的人格，是能够独立承担民事责任，具有民事行为能力的组织。

公司制企业有以下几种形式：

（1）无限责任公司

无限责任公司是由两个或两个以上负无限责任的股东出资组成，股东对公司债务负连带无限清偿责任的公司。英美法系不承认这种公司为公司法人，而大陆法系则承认这种公司为公司法人。

（2）两合公司

两合公司是由少数有限责任股东和少数无限责任股东共同组成的公司。

（3）股份两合公司

股份两合公司是由一人以上的无限责任股东和一定人数或一定人数以上的有限责任股东出资组成的法人企业。

（4）有限责任公司

有限责任公司是指由两个或两个以上股东共同出资，每个股东以其所认缴的出资额对公司承担有限责任，公司以其全部资产对其债务承担责任的企业法人。

5.1.2 企业的本质

企业的本质是什么？经济学理论有不同的解释。

马克思认为，企业产生的原因是能够更好地分工协作，从而能产生更高的劳动生产率。同一资本雇佣较多的工人协作劳动，马克思认为，这在历史上和逻辑上都是资本主义产生的起点。分工协作在节省生产单位产品所需劳动时间的同时，能创造更多的使用价值，与个体生产相比有其优越性。

罗纳德·哈里·科斯认为，企业产生的原因是能够更好地节省交易费用。企业作为替代市场的一种更低交易费用的资源配置方式，是商品经济发展到一定阶段的产物。在商品经济发展的初期，无论是原始的物物交换还是以货币为媒介的商品交换，由于商品市场狭小，利用市场价格机制的费用几乎不存在，这时的商品生产一般以家庭为单位。

但随着商品经济的发展，市场规模的扩大，生产者在了解有关价格信息、市场谈判、签订合同等方面利用价格机制的费用显著增大。这时，生产者采用把生产要素集合在一个经济单位中的生产方式，以降低交易费用，这种经济单位即企业。从交易费用的角度来看，市场和企业是两种不同的组织生产分工的方法：一种是内部管理方式；另一种是协议买卖方式。两种方式都存在一定的费用，即前者是组织费用；后者是交易费用。企业之所以出现正是由于企业的组织费用低于市场的交易费用。科斯的这一思想为产权理论奠定了坚实的基础，但这在很长时间内一直被理论界所忽视，直到 20 世纪 60 年代才引起经济学家的广泛重视。

5.2 生产函数

经济学家通常假定，企业的目标是实现利润最大化。为了说明企业如何实现这一目标，我们必须全面考虑企业投入与产出的关系。接下来，我们将从生产函数开始对企业的投入与产出的关系加以讨论。

5.2.1 生产和生产要素

生产是对各种生产要素组合投入并转变为产出的过程。所有企业，从汽车厂到食品店，他们的生产过程都要包括两个基本环节：投入和产出。

生产要素是指生产中所使用的各种资源。经济学把所有资源概括为四种生产要素，即劳动、资本、土地与企业家才能。劳动是指劳动力所提供的服务，可以分为脑力劳动与体力劳动。资本是指生产中所使用的资金、资产等。它通常具有两种形式：无形的人力资本（如劳动者的身体、时间、文化、技能等）和有形的物质资本（如厂房、设备、原料等）。在生产理论中，资本一般指的是后一种物质资本。土地是泛指生产过程中所使用的各种自然资源（如土地、水）和处于自然状态的矿藏、森林等。企业家才能是指企业家对整个生产过程的组织与管理工作。经济学家特别强调企业家才能，认为把劳动、土地、资本组织起来，使之演出有声有色的生产戏剧的关键正是企业家才能。生产是这四种生产要素组合的过程，产品则是这四种生产要素共同努力的结果。

经济学家把企业家才能作为一种生产要素是为了强调它在生产中起到至关重要的作用。

5.2.2 生产函数的含义与公式

生产函数是表明在一定技术水平条件下，生产要素的某种数量组合与它所能生产出来的最大产量之间依存关系的函数。

以 Q 代表总产量，L、K、N、E 分别代表劳动、资本、土地、企业家才能四种生产要素，则生产函数的一般形式为：

$$Q=f(L，K，N，E) \tag{5-1}$$

在分析生产要素与产量之间的关系时，一般认为土地是固定不变的，企业家才能又难以估计。因此，生产函数可以简化为：

$$Q=f(L，K) \tag{5-2}$$

20 世纪 30 年代初，美国经济学家道格拉斯与数学家柯布根据美国 1899—1922 年工业生产统计资料，得出了这一时期美国的生产函数为：

$$Q=AL^{\alpha}K^{1-\alpha} \tag{5-3}$$

这就是经济学中著名的"柯布—道格拉斯生产函数"。在这个生产函数中，A 与 α 为常数，其中 $1>\alpha>0$。α 和 $1-\alpha$ 分别表示劳动和资本在生产过程中的相对重要性，即劳动和资本所得在总产量中所占的份额。根据柯布、道格拉斯两人对美国 1899—1922 年有关经济资料的分析和估算，A 值约为 1.01，α 值约为 0.75。这说明，美国在此期间的总产量中劳动所得的相对份额为 75%，资本所得的相对份额为 25%。

5.3 一种可变要素的生产函数

假定只有一种要素的投入是变动的，其余的生产要素的投入则是固定的，我们将首先借助这样一种变动投入的生产函数来分析产出变化与投入变化的关系。这种单要素可变的情况在农业生产中最为典型。在正式讨论之前，我们需要引入一些预备知识。

5.3.1 预备知识

5.3.1.1 短期与长期的含义

生产函数允许投入用各种比例进行组合。在生产相同数量的产品时，可以多用资本少用劳动，也可以多用劳动少用资本。例如，同样是生产衣服，既可以由一家雇用大量人工的劳动密集型企业进行生产，也可以在一家资本密集型企业中通过电脑控制自动化生产设备，仅雇用少量工人进行生产。然而，企业在各种生产要素之间组合方式的调整并不是随意的，往往需要一定的时间。例如，引入一套新的自动化设备，需要计划、订购、制造、运输和安装。完成这一系列的活动可能需要一年甚至更长的时间。而在这段时间里，企业不可能实现以资本替代劳动。因此，在分析企业的生产决策时，有必要考虑生产要素是否可变，这就引出了关于长期与短期的区分。

短期是指至少一种生产要素的投入量来不及改变的时间段；该不可改变的生产要素称为固定投入要素，可以改变的生产要素则称为可变投入要素。长期指所有要素投入都可以发生改变的时间段。在长期和短期中，企业做出的决策是截然不同的。例如，当一家制衣厂想要扩大产量时，它不可能在一夜之间建成更大的工厂，安装好更现代的设备，只能通过充分利用原有的厂房和机器设备，雇用更多的工人，投入更多的原材料，加班加点来实现这一目标。此段期间对该制衣厂而言是短期；这些难以改变的生产要素（如厂房、设备等）为固定投入要素，工人、原材料则为可变投入要素。而如果时间足够长，企业就可以通过引入新的设备、扩建厂房等方式来调整生产规模，扩大产量。这一期间对该制衣厂而言则为长期，此时所有的生产要素投入均可以发生改变。

需要注意的是，这里区分短期和长期的依据并不是具体的时间长短，而是在于企业能否改变所有的要素投入。对于不同行业的企业而言，长期和短期的具体时间可能不一样。例如，一家复印店想要扩大规模可能只需要一个月，购置一台新的复印机即可，超过一个月对于这家复印店来说就是长期；而一家汽车厂想要引入新的流水线，购置新的生产设备，可能需要 5 年，对于这家汽车厂，长期则意味着 5 年以上的时间段。

微观经济学常以一种可变生产要素的生产函数考查短期生产理论，以两种可变生产要素的生产函数考查长期生产理论。一般假定短期中资本数量不变，企业只通过改变劳动投入来改变产量，则短期生产函数可表示为：$Q=f(L)$。长期中所有生产要素都可变，则长期生产函数可表示为：$Q=f(L，K)$。

5.3.1.2 固定投入与变动投入含义

固定投入是指当市场条件要求产出变化时，其投入量不能随之变化的生产要素，如厂房、机器设备、土地等。与之相对应，变动投入是指当市场条件要求产出变化时，其投入量能立即随之变化的生产要素，如劳动量。固定投入与变动投入的划分是建立在长期与短期划分的基础之上的。

5.3.2 一种可变生产要素的生产函数定义

若假设仅使用劳动与资本两种要素，其中资本要素不变，用 $\overline{K}$ 表示，劳动要素可变，用 L 表示，则有生产函数：

$$Q = f(L, \ \overline{K}) \tag{5-4}$$

我们可由此构建关于总产量、平均产量、边际产量的函数和曲线。

5.3.2.1 总产量、平均产量、边际产量定义

1.劳动总产量（TP_L）：指在资本投入量既定条件下，一定量的可变要素劳动所生产出来的产量总和。

2.劳动的平均产量（AP_L）：指平均每单位可变生产要素劳动所生产出来的产量。

3.劳动的边际产量（MP_L）：指增加一单位可变要素劳动投入量所增加的产量。

根据以上定义，劳动的总产量 TP_L、平均产量 AP_L、边际产量 MP_L 可以分别写为：

$$TP_L = f(L) \tag{5-5}$$

$$AP_L = \frac{TP_L}{L} \tag{5-6}$$

$$MP_L = \frac{\Delta TP_L}{\Delta L}（\Delta L 代表劳动的增量） \tag{5-7}$$

我们从一个简单的例子开始，考查其他生产要素都不变，仅一种生产要素发生变化时，企业应如何确定这种可变要素的投入量以达到利润最大化。假设现有一生产面包的食品厂商，在短期内，工厂的厂房和机器设备都是固定的。为简化分析，我们进一步假设除了工人外，用于生产面包的其他生产要素均固定不变，因此短期内它只能通过改变工人数量来改变产量。为实现利润最大化，食品厂必须对雇用多少工人、生产多少面包做出决策。在此之前，决策者须深入了解产量是如何随着工人数量的增加而变动的。食品厂工人数量与面包产量之间的关系如表 5-1 所示：

表 5-1 劳动投入的总产量、平均产量和边际产量之间的关系

资本投入量 (K)	劳动投入量(L)	总产量 (TP_L)	平均产量(AP_L)	边际产量(MP_L)
10	0	0	0	0
10	1	6	6	6
10	2	13.5	6.75	7.5
10	3	21	7	7.5
10	4	28	7	7
10	5	34	6.8	6
10	6	39	6.5	5
10	7	39	5.6	0
10	8	37	4.6	-2

首先，考查总产量（TP_L，劳动总产量），当有 0 个工人时，食品厂生产 0 个面包；当劳动投入从 1 增加到 7 时，面包总产量也逐渐增加；但是超过这一点后，随着劳动投入的增加，面包总产量反而减少了。在资本投入固定的情况下，刚开始时劳动投入量较少，增加劳动投入可以使厂房和机器设备的利用越来越充分，但是超过一定阶段后，过多的劳动共享有限的机器设备，不仅不能增加产量，反而会由于工人之间相互阻碍而导致总产量降低。6 个人操作面包生产设备比 3 个人有效率，但是如果 8 个人一起操作，就适得其反了。

其次，考查平均产量（AP_L，平均每单位劳动投入的产出量），它等于产量 Q 除以劳动量 L。在上述例子中，平均产量起初随着劳动投入量的增加而增加，但是在劳动投入量多于 4 以后，平均产量随着劳动投入量的增加而呈下降趋势。

最后，考察边际产量（MP_L，新增 1 单位劳动投入量所能带来的产量的变化），它等于 $\Delta Q / \Delta L$。在上述例子中，劳动投入从 0 变成 1 时，产量从 0 变成 6，增加了 6 个单位，此时边际产量等于 6；劳动投入从 1 变成 2 时，产量从 6 变成 7.5，增加了 1.5 个单位，此时边际产量为 7.5。在最初阶段，边际产量随着劳动量的增加而增加，当劳动投入量超过 3 个以后，边际产量开始逐渐下降；当劳动量大于 8 个以后，边际产量由正变负，意味着此时新增 1 单位劳动量，产量反而会减少。

根据表 5-1 可做出关于总产量、平均产量和边际产量之间的关系，如图 5-1 所示：

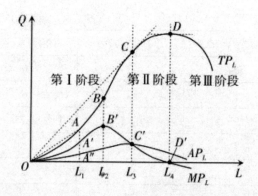

图 5-1 总产量曲线、平均产量曲线和边际产量曲线

可以发现：

第一，在资本量不变的情况下，随着劳动量的增加，最初总产量、平均产量和边际产量都是递增的，但各自增加到一定程度之后就分别递减。所以，总产量曲线 TP_L、平均产量曲线 AP_L 和边际产量曲线 MP_L 都是先上升而后下降的倒 "U" 形曲线。

第二，当边际产量为零时，总产量达到最大。

第三，边际产量曲线与平均产量曲线相交于平均产量曲线的最高点。在相交前，边际产量大于平均产量，平均产量递增；在相交后，边际产量小于平均产量，平均产量递减。

5.3.2.2 边际产量递减规律

从上述劳动投入对边际产量的影响可以看出，在食品厂资本设备固定的情况下，工人数如果小于 3，资本设备将得不到充分使用，此时每新增一个工人，将大大提高该厂的生产效率，这个新增工人的边际产量非常高。但是工人数量一旦超出 4 个，由于资本设备已经得到充分利用，此时新增的工人固然可以帮助之前的工人做些协调性的以及辅助性的工作，从而增加产量，但新增加的产量与之前的工人相比将有所下降；即新增的工人虽然仍具有较高的边际产量，但是边际产量将开始减少。从表 5-1 中可以看到，第 3 个工人的边际产量为 7.5，虽然仍比较高，尤其是高于此时的平均产量 7。但随着劳动力的增加，边际产量即将下降。当食品厂雇用第 5 个工人时，他也能够增加一些总产量，但其边际产量并不大，仅为 6，低于此时的平均产量 6.8；当食品厂雇用第 8 个工人时，由于工厂内非常拥挤，工人之间相互妨碍，发生矛盾，因而新增的工人不仅不能增加产量，反而会导致产量降低，边际产量为负。

如表 5-1 所示，对于一种可变生产要素的短期生产函数来说，边际产量表现出先上升后下降的规律，这一规律被称为边际产量递减规律，这决定了图 5-1 中的 MP_L 曲线先上升后下降的特征。当把一种可变的生产要素同其他一种或几种不变的生产要素投入到生产过程中时，随着这种可变的生产要素投入量的增加，最初每增加 1 单位生产要素所带来的产量增加量是递增的；但当这种可变要素的投入量增加到一定程度后，增加 1 单位生产要素所带来的产量增加量是递减的；最终必然会出现某一点，边际产量为负，随着生产要素投入的增加，总产出反而下降了。

在生产过程中，可变生产要素，投入量和固定生产要素投入量之间存在一个最佳的组合比例。开始时，由于可变要素的投入量为零，而不变要素的投入量是固定的，要素的组合比例远远没有达到最佳状态。随着可变要素投入量的逐渐增加，生产要素的组合越来越接近最佳组合比例。在这一过程中，可变要素的边际产量必然呈递增趋势。当生产要素的组合达到最佳组合比例时，可变要素的边际产量达到最大值。在这之后，随着可变要素投入量的继续增加，生产要素组合将越来越偏离最佳组合比例，可变要素的边际产量便呈递减趋势。

5.3.2.3 生产的三个阶段

根据 TP_L、AP_L、MP_L 曲线之间关系，可以将生产划分为如图 5-1 所示的三个阶段：

第 I 阶段是平均产量递增阶段，劳动的平均产量始终是递增的，劳动的边际产量大于劳动的平均产量，劳动的总产量也是递增的。这说明：在这一阶段，可变要素劳动的投入量相对较少，生产者只要增加可变要素劳动的投入量，就可以增加总产量。因此，任何理性的生产者都不会在这一阶段停止生产，而是连续增加可变要素劳动的投入量，以增加总产量。平均产量最高即劳动生产率最高。

第 II 阶段是平均产量递减阶段，劳动的平均产量开始减少，劳动的边际产量小于劳动的平均产量，劳动的总产量继续增加，达到最大值。这说明：在这一阶段，增加劳动投入量仍然可以使边际产量大于零，从而使总产量增加。

第 III 阶段是总产量递减阶段，劳动的边际产量为负，劳动的总产量开始递减。这说明：在这一阶段，劳动的投入量相对较多。这时，即使劳动要素是免费的，理性的生产者也会减少劳动投入量，从而使总产量增加。

从以上分析可以看出，劳动投入量应在第二阶段为宜。但具体应在第二阶段的哪一点呢？这一问题必须结合成本、收益和利润进行深入的分析。

5.4 两种可变生产要素的最适组合

在长期中，所有生产要素均可改变，长期生产函数的分析与消费者行为的分析有许多类似之处。

一方面，正如消费者可以通过购买不同的商品组合达到一定的满足程度一样，企业也可以改变要素组合来提升一定的产量。比方说，企业既可以选择高度自动化的机器设备加上少量的工人这种组合方式，也可以选择少量的机器设备和大量的工人这种组合方式。那么在新成立的企业中，企业应该雇用多少工人，采用多少台机器呢？企业想要扩大产量的时候，应该多雇用工人，还是应该多安装一些机器设备呢？长期生产函数的分析将要解决这一问题。

另一方面，消费者行为理论认为，虽然消费者总是希望消费更多的各类产品以实现更高的满足程度，但是最终的消费选择必须受到收入的制约；类似的，企业总是希望能生产更多的产出，但是企业的生产决策要受到成本的制约。因此，与消费者行为理论中引入的无差异曲线以及预算约束线类似，在长期生产函数的讨论中也有等产量曲线和等成本线。

两种可变生产要素的长期生产函数可以写为：

$$Q=f\left(L, K\right) \tag{5-8}$$

其中，Q 代表产量，L、K 分别代表两种可变生产要素劳动、资本的投入量。

5.4.1 等产量曲线

等产量曲线是表示其他条件不变时，为了得到相同的产量所需投入的两种生产要素（K 和 L）的所有可能的组合所形成的一条曲线。等产量曲线类似于无差异曲线，不过它表示的不是消费者获得相同的效用，而是生产者得到相同的产量。如表 5-2 所示，为了得到相同的产量（$Q=10$），企业可以选择 K 和 L 的四种不同组合方式。根据这些信息，可做出如图 5-2 所示的等产量曲线。

表 5-2 等产量表：要素组合方式及其产出

组合方式	资本（K）	劳动（L）	产量（Q）
a	6	1	10
b	3	2	10
c	2	3	10
d	1	6	10

比较这种分析与无差异曲线分析的异同？

等产量曲线与无差异曲线的分析方法是相似的；但无差异曲线无法衡量具体的效用，等产量曲线却能对产量进行具体衡量。注意这一点有利于对消费者行为和生产者行为的理解。

在图 5-2 中，横轴 L 代表劳动量，纵轴 K 代表资本量，Q 为等产量曲线；即曲线上任何一点所表示的资本与劳动不同数量的组合，都能生产出相同的产量。

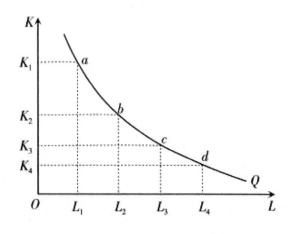

图 5-2 等产量曲线

与无差异曲线相似，等产量曲线也具有一系列特征：

第一，等产量曲线总是向右下方倾斜，其斜率为负。这表明：两种生产要素在生产中具有一定的替代性；在生产者的总投入与生产要素价格既定的条件下，为了达到相同的产量，在增加一种生产要素的投入量时，必须减少另一种生产要素的投入量。

第二，等产量曲线总是凸向原点，两种生产要素的边际技术替代率的绝对值是递减的。边际技术替代率 MRTS 是在维持产量水平不变的条件下，增加一种生产要素的投入量与减少另一种生产要素的投入量之比。以 ΔL 和 ΔK 分别代表劳动和资本的变动量，$MRTS_{LK}$ 代表以劳动代替资本的边际技术替代率，则有：

$$MRTS_{LK} = \frac{\Delta K}{\Delta L}$$

（5-9）

上式中，当 $\Delta L \to 0$ 时，则边际技术替代率的公式为：

$$MRST_{LK} = \min_{\Delta L \to 0} \frac{\Delta K}{\Delta L} = -\frac{\mathrm{d}K}{\mathrm{d}L}$$

（5-10）

可见，等产量曲线上某一点的边际技术替代率就是等产量曲线在该点斜率的绝对值。边际技术替代率应该是负值，因为一种生产要素增加，另一种生产要素就要减少。但为了方便起见，一般用其绝对值。

如图 5-2 所示，在等产量曲线 Q 上从 a 点到 b 点，总产量保持不变，则：

$$MP_K \times \Delta K + MP_L \times \Delta L = 0$$

（5-11）

所以有：

$$MRST_{LK} = \frac{\Delta K}{\Delta L} = -\frac{MP_L}{MP_K}$$

（5-12）

即两种生产要素的边际技术替代率等于它们的边际产量之比的绝对值。

在两种生产要素相互替代的过程中，普遍存在着边际技术替代率递减规律。在维持产量不变的条件下，当一种生产要素的投入量不断增加时，它每一单位能够替代的另一种生产要素的数量是递减的。

以劳动对资本的替代为例，随着劳动对资本的不断替代，由于边际产量递减规律的作用，劳动的边际产量是逐渐下降的，而资本的边际产量是逐渐上升的。因此，作为逐渐下降的劳动的边际产量与逐渐上升的资本的边际产量之比的边际技术替代率是递减的。边际技术替代率的几何意义是等产量曲线的斜率，由于前者递减，所以等产量曲线凸向原点。

第三，在同一平面图上，可以有无数条等产量曲线；同一条等产量曲线代表相同的产量水平，不同的等产量曲线代表不同的产量水平。离原点越远的等产量曲线代表的产量水平越高，离原点越近的等产量曲线代表的产量水平越低。如图 5-3 所示，Q_1、Q_2、Q_3 是三条不同的等产量曲线（$Q_1 < Q_2 < Q_3$）。

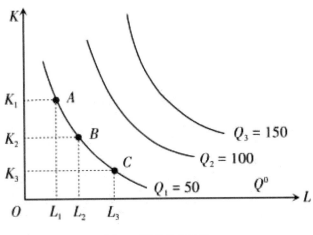

图 5-3 等产量曲线组

第四，在同一平面图上，任意两条等产量曲线不能相交。若相交，则在交点上两条等产量曲线代表了相同的产量水平，这与三个特征相矛盾。

5.4.2 等成本线

等产量曲线表示的是企业生产同样产量的各种生产要素组合，离原点越远，表示产量越大。然而企业并不能选择任意高度的一条等产量曲线，因为企业的投入决策要受到来自成本的制约。

等成本线又称企业预算线，它表明了企业进行生产的限制条件；即在货币成本和生产要素价格既定的条件下，生产者所能购买的两种生产要素数量的最大组合。

$$M = P_L \times Q_L + P_K \times Q_K \tag{5-13}$$

M 为货币成本，P_L、P_K 分别为劳动与资本的价格，Q_L、Q_K 分别为劳动与资本的购买数量。上式也可以写为：

$$Q_K = \frac{M}{P_K} - \frac{P_L}{P_K} \times Q_L \tag{5-14}$$

这是一个直线方程式，其斜率为 $-\dfrac{P_L}{P_K}$，横、纵截距分别为 $\dfrac{M}{P_L}$ 和 $\dfrac{M}{P_K}$。由此做出等成本线，如图 5-4 所示：

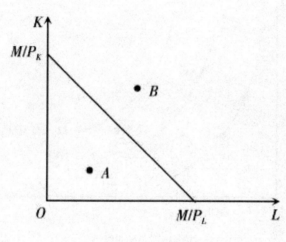

图 5-4 等成本线

在图 5-4 中，等成本线上任何一点，都是在货币成本与生产要素价格既定条件下，所能购买的劳动与资本的最大数量的组合。等成本线以内区域中的任何一点（如 A 点），表示既定的货币成本用来购买该点的劳动与资本的组合以后还有剩余，企业将无法实现产量最大化；等成本线以外区域中的任何一点（如 B 点），表示既定的货币成本无法购买该劳动和资本组合。

假设各要素价格均不变，如果生产者的货币成本增加（减少），等成本线会平行向右（左）移动，如图 5-5（a）所示。

在既定货币成本下，如果其中一种生产要素的价格变动，等成本线会发生旋转。如图 5-5（b）所示，假定资本要素价格不变，当劳动要素价格升高时，等成本线绕点 A 做逆时针方向旋转到达 AB'；当劳动要素价格降低时，等成本线绕点 A 做顺时针方向旋转到达 AB''。假定劳动要素价格不变，当资本要素价格变化时，等成本线绕点 B 做类似旋转，如图 5-5（c）所示：

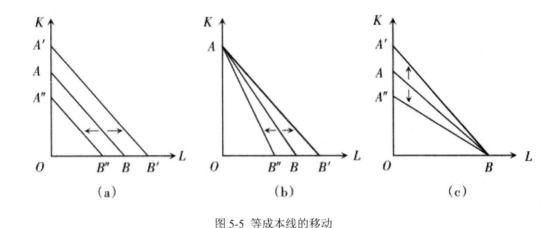

图 5-5 等成本线的移动

如果劳动或资本的价格变动，等成本线会如何变动呢？（想一想消费可能线的变动）

5.4.3 生产要素组合的最优点选择

无论是等产量曲线（生产要素在生产过程中的替代关系）还是等成本线（企业所面临的成本约束），都只能反映企业对生产要素组合的可选择范围，并没有说明企业究竟会选择哪种组合进行生产。理性的企业在选择要素组合时，会遵循以下原则：在成本既定的情况下，努力实现产量最大化；或者，在产量既定的情况下，努力实现成本最小化。为得到符合以上原则的最优选择点，我们需要将等产量曲线与等成本线结合起来进行分析。

在同一平面图上，可以有无数条等产量曲线，那么既定货币成本的等成本线必定与其中的一条等产量曲线相切于某一点。在这个切点上，生产要素实现了最适组合；它同时是既定产量下成本最小的生产要素组合，也是既定成本下产量最大的生产要素组合。

图 5-6 说明了产量既定条件下成本最小的生产要素组合情况。由于产量既定，所以只有一条等产量曲线。三条等成本线中，$A''B''$ 代表成本水平最低，不能生产既定产量 Q。为了生产既定产量 Q，厂商既可以选择与 AB 等成本线的两个交点 a 和 b 所对应的两种生产要素的组合；也可以选择 $A'B'$ 代表的成本水平，即选择等产量曲线和等成本线 $A'B'$ 的切点 E 所对应的生产要素的组合。由于 $A'B'$ 的生产成本小于 AB 的生产成本；显然，厂商将选择 E 点进行生产，它所代表的劳动与资本的组合，就是厂商的生产均衡点。

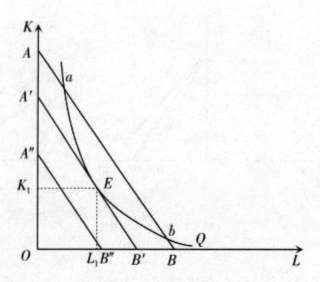

图 5-6 产量既定条件下最小的生产要素组合

图 5-7 说明了成本既定条件下产量最大的生产要素最优组合。由于成本既定，所以只有一条等成本线。三条等产量曲线中，以 Q_3 代表产量水平最高，但既定的总成本无法生产 Q_3。等成本线与 Q_1 有两个交点 a 和 b，与 Q_2 有一个切点 E；由于 Q_2 代表的产量水平大于 Q_1，厂商必然选择要素组合 E 生产 Q_2 以扩大产量。因此，只有 E 点才是生产要素的最优组合点。

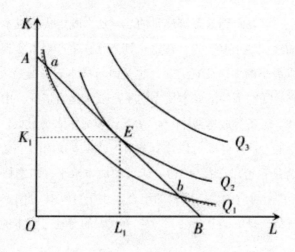

图 5-7 成本既定条件下产量最大的生产要素组合

无论是产量既定还是成本既定，等成本线与等产量曲线的切点 E 都是生产者的均衡点。在该点上，等产量曲线的斜率（两种生产要素的边际产量之比）等于等成本线的斜率（两种生产要素的价格之比）。所以，生产者均衡或生产要素最优组合的条件是：

$$MRTS_{LK} = \frac{MP_L}{MP_K} = \frac{P_L}{P_K} \tag{5-15}$$

上式又可记作：

$$\frac{MP_L}{P_L} = \frac{MP_K}{P_K} \tag{5-16}$$

该式的经济含义是：如果劳动和资本两种生产要素可以完全替代，那么厂商可以通过对两种要素投入量的不断调整，使最后一单位货币成本无论用来购买哪一种生产要素所获得的边际产量都相等，从而实现生产要素的最优组合。实际上，这也是关于生产者均衡（两种可变生产要素最适组合）的边际产量分析。

想一想：生产者均衡与消费者均衡的条件有哪些相同之处？

如果 $\frac{MP_L}{P_L} \neq \frac{MP_K}{P_K}$，例如，$\frac{MP_L}{P_L} \neq 2 \cdot \frac{MP_K}{P_K}$，说明厂商最后一单位货币成本用来购

买劳动所获得的边际产量是购买资本的 2 倍，此时厂商就会用劳动来代替资本，使总产量增加。由于边际产量递减规律的作用，劳动投入量的不断增加会使其边际产量递减，资本投入量的不断减少则会使其边际产量递增，直到两者的边际产量和价格之比相等，厂商才会停止用劳动来代替资本，这时便达到了产量最大化。类似的，如果

$\frac{MP_L}{P_L} < \frac{MP_K}{P_K}$，厂商可以通过增加资本的投入量，同时减少劳动的投入量，来增加总产

量。直到两者的边际产量和价格之比相等，厂商才会停止用资本替代劳动，最终实现产量最大化。

在分析两种可变生产要素的最优组合时，无论是使用边际产量分析法还是使用等产量曲线分析法，得到的结论虽然在表现形式方面有所不同，但本质上是相同的。

5.5 生产扩展性与规模经济

5.5.1 生产扩展线

在生产要素的价格不变时，如果厂商改变成本，等成本线就会发生平移；如果厂商改变产量，等产量曲线也会发生平移。不同的等产量曲线将与不同的等成本线相切，从而得到一系列不同的生产均衡点，这些生产均衡点形成的轨迹就是生产的扩展线。如图5-8所示，C_1、C_2、C_3 是三条货币成本递增的等成本线，分别与等产量曲线 Q_1、Q_2、Q_3 相切于点 E_1、E_2、E_3。生产扩展线就是将点 E_1、E_2、E_3 与原点 O 连接起来的曲线 OC。当生产者沿着这条扩展线生产时，可以始终实现生产要素的最优组合，从而使生产规模沿着最有利的方向扩大。

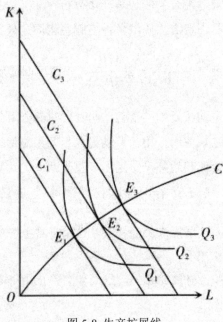

图 5-8 生产扩展线

5.5.2 规模经济

在长期中，企业可以调整所有的生产要素，这将反映为企业生产规模的变动。了解企业规模变动对产量的影响，就是规模经济的问题。在生产理论中，规模经济变化是指在其他条件不变的情况下，企业内部各种生产要素按相同比例变化时所带来的产量的变化。当企业生产规模扩大时，产量增加可能大于、小于或等于生产规模的变动。据此，企业的规模经济变化可以分为规模报酬递增、规模报酬递减和规模报酬不变三种情况。

一般而言，企业规模经济变化具有以下规律：当企业从最初的较小规模开始逐渐扩大时，企业面临的是规模经济收益递增的阶段；在企业得到了由生产规模扩大所带来的产量递增的全部好处以后，一般会继续扩大生产规模，使生产保持在规模经济收益不变的阶段，这个阶段可能比较长；在这之后，如果企业继续扩大生产规模，就会进入规模经济收益递减的阶段。

规模报酬递增是指产量增加的倍数大于生产要素增加的倍数。规模报酬递增经常出现在企业的扩张初期。它出现的原因与大规模生产的好处相辅相成，主要有以下几点：

第一，分工和专业化。在大规模的生产中，生产效率的提高是分工和专业化带来的。通过细密的劳动分工，每个人专门从事某项具体工作，劳动熟练程度将大幅提高；也可节约工人在各道工序之间进行转化的时间。这些都可能极大地促进劳动生产率。

第二，生产要素的不可分割性。某些大型的生产要素具有不可分割性，如电脑管理系统、流水作业线等，这些生产技术只有当产量超过一定水平时才能采用。汽车装配线就是典型的例子。在生产汽车时，流水线作业具有明显的成本优势。统计资料显示，年产量超过 30 万辆的汽车厂，成本要比小规模生产的企业低很多。只有在大规模生产中，大型的先进设备才能充分发挥其作用，使产量更大幅度地增加。

第三，几何因素。由于某些几何尺度的因素，当企业规模扩大时，企业能以较少的投入生产较多的产出，即产出量的翻倍不需要投入量的加倍。例如，石油的储藏成本与储油罐的钢材消耗有关。把储油罐的体积增加一倍（即企业的产出增加一倍）以后，建造储油罐的钢材用量并不需要增加一倍，这时成本的增加倍数小于产出的增加倍数。

第四，管理效率的提升。各种规模的生产都需配备必要的管理人员，在生产规模小时，这些管理人员无法得到充分利用，而生产规模扩大，可以在不增加管理人员的情况下增加生产，从而提高管理效率。

第五，对副产品的综合利用。在小规模生产中，许多副产品往往被作为废弃物处理；而在大规模生产中，可以对这些副产品进行再加工，做到"变废为宝"。

第六，生产要素的购买与产品的销售的便利。大规模生产所需各种生产要素多，产品也多。这样企业就可能在生产要素与产品销售市场上获得垄断地位，从而压低生产要素收购价格或提高产品销售价格，以此获利。

第七，技术创新能力的提升。大规模企业有更为雄厚的人力和财力，也能承担更大的风险。因此，技术创新能力更强。技术创新是提高企业生产率的关键。

规模报酬不变是指产量增加的比例等于各种生产要素增加的比例。随着所有生产要素同比例增加，产出增加的比例有可能刚好等于要素增加的比例。这种情况被称为规模报酬不变。它的出现是因为这种产品的生产过程很容易"复制"，生产规模不影响要素生产率。例如，在企业流水线运作中，如果已经实现了充分的专业化分工与协作，此时再将各类生产要素的投入翻倍，由于无法进一步细化分工，因此产出也将是原来的2倍。规模报酬不变主要出现在规模报酬递增阶段的后期，此时大规模生产的优势已得到充分发挥；同时，厂商采取各种措施与努力以推迟规模报酬递减阶段的到来。

规模报酬递减是指产量增加的比例小于各种生产要素增加的比例。规模报酬递增不可能一直持续下去，当生产达到一定规模时，将无法进一步享受规模经济带来的好处，此时规模报酬递减将发挥作用，即产出的增加比例小于要素增加的比例。出现规模报酬递减主要有以下几点原因：

第一，当分工和专业化细化到一定程度后，不可避免地使工人的工作成为一种机械劳动。而长时间从事机械劳动，工人难以避免地会产生厌倦情绪，同时也可能丧失创新性的思维，这些都会降低他们的工作效率。

第二，几何因素带来规模收益递增必须符合一定的前提条件。例如，储油罐的体积不能无限制地扩大，过大的储油罐无论在生产、运输还是使用方面都存在很多困难，这会抵消钢材消耗量降低所带来的成本优势。

第三，管理效率降低。生产规模过大会使管理机构由于庞大而失于灵活，管理上也会出现各种漏洞；管理系统越复杂，管理层级越多，企业内部的沟通和协调问题也就越突出。比如，信息的传递可能更容易失真、延误甚至是缺失，高层管理者与下级之间的联系和交流更加困难。因此，生产规模过大可能导致产量和收益的减少。

第四，生产要素价格与销售费用增加。生产要素的供给并不是无限的，生产规模过大必然大幅增加对生产要素的需求，生产要素的供给价格会同时上升。同时，产品的大量增加也会给销售增加困难，企业需要增设更多的销售机构与人员，增加了销售费用。因此，生产规模并不是越大越好。

注意：规模收益递减不同于边际产量递减。前者针对的是企业的长期生产决策，而后者针对的是企业的短期生产决策；前者指的是所有生产要素都同比例增加时产量的变化规律，而后者指的是其他生产要素固定不变时，仅变动一种生产要素所带来的产量的变动规律。

由以上分析可以看出，企业规模的扩大既会带来好处，也会产生不利的影响。因此，在长期中企业调整各种生产要素时，要实现适度规模。

适度规模就是生产规模扩大到正好使收益递增达到最大。

当收益递增达到最大时企业不应再增加生产要素，而要使这一生产规模维持下去。对于不同行业的企业来说，适度规模的大小是不同的，并没有一个统一的标准。在确定适度规模时应当考虑以下因素：

第一，本行业的技术特点。一般来说，需要的投资越大，所用设备较先进的行业，适度规模也越大。例如冶金、机械、汽车制造、造船、化工等重工业企业，生产规模越大经济效益越高。相反，所需投资少，所用设备较简单的行业，适度规模也小。例如服装、服务等行业，生产规模小能更灵活地适应市场需求的变动，对生产更有利。

第二，市场条件。一般来说，生产市场需求量大，而且标准化程度高的企业，适度规模也应该大，这也是重工业行业适度规模大的原因。相反，生产市场需求小，而且标准化程度低的企业，适度规模也应该小。因此，服装行业的企业适度规模相应要小一些。

任务 6 成本理论

6.1 成本的概念

6.1.1 会计成本、机会成本、经济成本

会计成本是指企业生产与经营中的各种实际支出。因为这些支出一笔一笔地记在会计账簿上，故称为会计成本；同时由于这些成本在企业中是显而易见的，又称显性成本。例如，支付给员工的工资，购买原材料、燃料等的支出，厂房设备的折旧费，等等。

经济学研究成本问题的角度则与会计学有所不同。经济学认为，资源大都存在多种

用途，当生产者选择把一种资源用于其中一种用途时，就放弃了这种资源的其他用途，放弃的用途就是把资源用于这种用途的机会成本。机会成本也可以定义为：为了得到某种东西所放弃的其他东西。

机会成本是指生产者所放弃的使用相同的生产要素在其他生产用途中所能得到的最高收入。由于机会成本并不是实际支出，没有反映在会计账目上，故也称为隐性成本。例如，某人有 50 万元，可供选择的用途及各种用途可能获得的收入是：投资建厂获利10 万元，开商店获利 15 万元，炒股票获利 18 万元，进行期货投资获利 20 万元，如果某人选择把 50 万元用于期货投资，则放弃的其他可供选择的用途就是投资建厂、开商店和炒股票。在所放弃的用途中，最好的用途是炒股票。所以，选择进行期货投资获利20 万元的机会成本是所放弃的炒股票时可能获得的 18 万元。

机会成本所说的"放弃其他东西"，并不是实际支出，而是观念上的损失，因为用某种资源去得到什么，这种资源就不能去得到其他东西，所损失的只是另一种可能性，而不是实际的结果。

理解机会成本应该注意以下几个问题：

第一，机会成本不同于实际成本，它不是做出某项选择时实际支付的费用或损失，而是一种观念上的成本或损失。在上面所举的例子中，某人进行期货投资的机会成本是放弃炒股票，或者说获利 20 万元的机会成本是 18 万元。但这并不意味着为了获利 20 万元，必须支出 18 万元，或者实际损失了 18 万元。50 万元的资金，只能在进行期货投资获利 20 万元与炒股票获利 18 万元中选择其一。资源是有限的，"鱼与熊掌不可兼得"，你选择了一个，就必须放弃另一个。在这种情况下，你做出一项选择时，机会成本就是放弃的另一种可能性。

第二，机会成本是做出一种选择时所放弃的其他若干种可能的选择中最好的一种。例如，在上例运用 50 万元的选择中，当选择了期货投资时，所放弃的用途有投资建厂、开商店和炒股票三种，其中最好的一种用途是炒股票（在这三种可能选择的用途中获利最多），所以，运用 50 万元进行期货投资的机会成本是放弃炒股票，而不是其他。

第三，运用机会成本要考虑两个条件：一是有多种投资的可能性；二是投资于其他可能性均不受限制。如果这两个条件都不具备，机会成本这个概念也就没有什么作用了，因为该资源有且仅有一种投资用途。

6.1.2 机会成本在企业决策中的作用

会计利润与经济利润

由于经济学与会计学中看待和衡量成本的方法不同，因此衡量利润的方法也不同。经济学衡量企业的经济利润，而会计学则衡量企业的会计利润。

会计利润、经济利润的计算可以用以下公式来表示：

会计利润=总收益－会计成本

经济利润=总收益－经济成本

=总收益－（会计成本+机会成本）

=会计利润－机会成本

在正常情况下，机会成本总是大于零；因此，经济利润小于会计利润。假设一个企业进行生产经营时，每年的总收益为100万元。用于生产的实际支出为：原材料60万元；设备折旧4万元；动力等5万元；厂房租金5万元；工人工资6万元；贷款利息15万元。因此，会计成本为95万元，会计利润为100-95=5（万元）。

然而，这个企业与任何一个企业一样也有机会成本。例如，这家企业是单人业主制，所有者兼经营者未向自己支付工资，会计成本中就没有反映这一项。经营者在企业的工作是有机会成本的，这就是他放弃的在其他地方工作所能得到的工资。假设他不经营这家企业而去找一份工作，可以得到的工资是每年6万元；那么，他经营企业的机会成本就是6万元。此时，企业的经济利润为：会计利润－经济利润=5-6=-1（万元）。不考虑机会成本时，这家企业是盈利的。但在考虑机会成本之后，这家企业实际是亏损的。

企业经营的目的是实现经济利润的最大化。如果经济利润为负，尽管会计利润为正，这家企业也不值得经营下去。由此可见，机会成本在企业决策中的重要性。

6.2 短期成本

经济学中的短期是企业不能调整所有生产要素投入的时期，长期是企业可以调整一切生产要素的时期。注意这里的长期与短期并不涉及具体时间的长短问题，其划分标准在于生产要素的投入中是否包含可变的成分，如果是，就是短期；否则，就是长期。据此，厂商的生产成本可以区分短期成本与长期成本。

短期成本是企业在短期中进行生产的各种支出，是厂商固定成本与可变成本之和。

在短期中，由于生产要素可以区分为不变要素（短期内无法进行数量调整的生产要素，如厂房、机器设备等）和可变要素（短期内可以进行数量调整的生产要素，如原材料、燃料、劳动等），短期成本也相应地区分为固定成本和可变成本。

在长期内，生产者可以根据企业的经营状况，缩小或扩大生产规模，也可以加入或退出一个行业的生产。由于所有的生产要素投入量都是可变的，也就没有固定投入与可变投入之分；即长期内所有成本均为可变成本。

6.2.1 短期总成本

短期总成本是厂商短期内生产一定量产品所花费的成本总和，随着产量的增加而增加，如表 6-1 中第（4）列所示。短期总成本分为固定成本与可变成本。

固定成本是厂商花费在所有不变生产要素上的支出，如建筑物和机器设备的折旧费、利息、财产税、广告费、保险费等。由于在短期内不管企业的产量为多少，不变生产要素的投入都是不变的；因此，固定成本不随产量的变化而变化。即使产量为 0 时，固定成本也存在。如表 6-1 中第（2）列所示，短期固定成本始终为一个固定的常数 1 200。

表 6-1 固定成本、可变成本、短期总成本

产量（Q）（1）	固定成本（SFC）（2）	可变成本（SVC）（3）	短期总成本（STC）（4）
0	1 200	0	1 200
1	1 200	600	1 800
2	1 200	800	2 000
3	1 200	900	2 100
4	1 200	1 050	2 250
5	1 200	1 400	2 600
6	1 200	2 100	3 300

注意：固定成本是短期内不能改变的生产要素。

可变成本是厂商花费在所有可变生产要素上的支出，如厂商对原材料、燃料动力和工人工资的支付等。由于短期内厂商是根据产量变化的要求来不断地调整可变要素的投入量的，如表 6-1 中第（3）列所示，可变成本随产量的变化而变化，产量越多，可变成本也越多；当产量为零时，可变成本为零。可变成本是产量的函数。

可变成本随产量变化而变化的规律是：在可变生产要素投入最初开始增加时，由于固定要素与可变要素的效率未得到充分发挥，可变成本的增加率大于产量的增长率；随着可变生产要素的进一步增加，固定要素与可变要素的效率逐渐得到充分发挥，可变成本的增加率小于产量的增加率；最后，随着可变生产要素的继续增加而固定生产要素始终维持不变，在边际产量递减规律的作用下，它们之间的配置渐渐偏离最优状态，可变成本的增加率又会大于产量增加率。

注意：可变成本是短期内可以改变的生产要素。

以 *STC* 代表短期总成本，以 *SFC* 代表固定成本，以 *SVC* 代表可变成本，则它们之间的关系可以表示为：*STC=SFC+SVC*

因为短期总成本中可变的部分实际上就是可变成本，所以短期总成本的变动规律与可变成本相同。图 6-1 展示了短期总成本、固定成本和可变成本的变动规律及其相互关系。

在图 6-1 中，*SFC* 为短期固定成本曲线，它与横轴平行，不随产量变动，是一个常数。*SVC* 为短期可变成本曲线，它从原点出发（没有产量时就没有可变成本），向右上方倾斜（随着产量的增加而增加）。*SVC* 曲线是一个反 *S* 形，最初比较陡峭，表示可变成本增加率大于产量的增加率；然后较为平坦，表示可变成本的增加率小于产量的增加率；最后又比较陡峭，表示可变成本的增加率又一次大于产量的增加率。短期总成本曲线 *STC*，从 *SFC* 曲线与纵轴交点出发（当产量为零时，短期总成本等于固定成本），向右上方倾斜且形状与 *SVC* 曲线相同（短期总成本随产量的增加而增加且与可变成本变动规律相同）。*STC* 曲线与 *SVC* 曲线之间的距离就是固定成本。

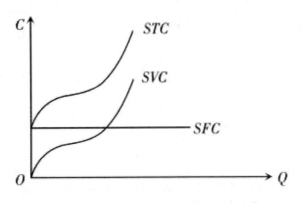

图 6-1 短期总成本、固定成本与可变成本

6.2.2 短期平均成本

短期平均成本是指短期内平均每单位产量需要支出的成本。由于短期总成本可分为固定成本和可变成本，所以短期平均成本也可以分为平均固定成本和平均可变成本。

平均固定成本是平均每单位产量需要支出的固定成本，用 *AFC* 表示。其计算公式为：

$$AFC = \frac{FC}{Q}$$

（6-1）

因为短期固定成本是一个常数，平均固定成本 *AFC* 随着产量的增加而不断减少，如表 6-2 中第（5）列所示：

表 6-2 短期平均成本、平均可变成本、平均固定成本

产量 （*Q*） （1）	固定成本 （*SFC*） （2）	可变成本 （*SVC*） （3）	短期总成本 （*STC*） （4）	平均固定成本 （*AFC*） （5）	平均可变成本 （*AVC*） （6）	短期平均成本 （*SAC*） （7）
0	1 200	0	1 200	—	0	—
1	1 200	600	1 800	1 200	600	1 800
2	1 200	800	2 000	600	400	1 000
3	1 200	900	2 100	400	300	700
4	1 200	1 050	2 250	300	262.5	562.5
5	1 200	1 400	2 600	240	280	520
6	1 200	2 100	3 300	200	350	550

平均可变成本是平均每单位产量需要支出的可变成本，用 *AVC* 表示。其计算公式为：

$$AVC = \frac{VC}{Q}$$

（6-2）

平均可变成本 *AVC* 变动如表 6-2 中第（6）列所示，其规律是：开始时随着产量的增加，固定生产要素的效率逐渐得到发挥，平均可变成本不断减少；当产量增加到一定

程度以后，平均可变成本由于边际产量递减规律而增加。

短期平均成本是平均每单位产量需要支出的短期总成本，用 SAC 表示。其计算公式为：

$$SAC = \frac{STC}{Q}$$

（6-3）

短期平均成本与平均固定成本、平均可变成本之间的关系可以表示为：

$$SAC = \frac{STC}{Q} = \frac{FC}{Q} + \frac{VC}{Q} = AFC + AVC$$

（6-4）

短期平均成本 SAC 如表 6-2 中第（7）列所示，其变化规律由平均固定成本 AFC 与平均可变成本 AVC 共同决定。开始时，随着产量的增加，短期平均成本不断减少；当产量增加到一定程度以后，短期平均成本更多地取决于平均可变成本，即随着产量的增加而增加。

短期平均成本 SAC、平均固定成本 AFC 与平均可变成本 AVC 的变动规律及其相互关系，可用图 6-2 来表示。平均固定成本 AFC 是一条单调递减的曲线，表示随着产量的增加，平均固定成本不断减少。平均可变成本 AVC 与短期平均成本 SAC 均为 U 形曲线，表示随着产量的增加，它们都呈现出先减少后增加的规律。

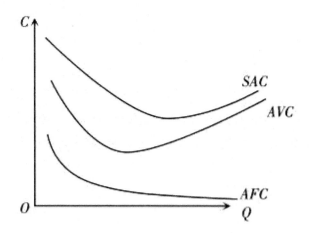

图 6-2 短期平均成本、平均可变成本、平均固定成本变动规律

6.2.3 短期边际成本

短期边际成本是指在短期内厂商每增加一单位产量所增加的总成本，它可以通过短期总成本计算得到。以 SMC 代表短期边际成本，以 ΔQ 代表增加的产量，以 ΔSTC 代表增加的短期总成本，则有：

$$SMC = \frac{\Delta STC}{\Delta Q}$$

（6-5）

如表 6-3 所示，边际成本的变动规律表现为：开始时，随着产量的增加，边际成本不断减少；但当产量增加到一定程度时，随着产量的增加，边际成本不断增加。

表 6-3 短期边际成本的计算

产量（Q） （1）	短期总成本（STC） （2）	短期边际成本（SMC） （3）
0	1 200	—
1	1 800	600
2	2 000	200
3	2 100	100
4	2 250	150
5	2 600	350
6	3 300	700

根据表 6-3 可以做出短期边际成本曲线 SMC，如图 6-3 所示。短期边际成本曲线 SMC 也是一条先下降而后上升的 U 形曲线，表明边际成本也先递减而后递增。由于固定成本不随产量的变动而变动，短期边际成本实际上就是相对于可变成本而言的。

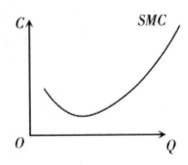

图 6-3 短期边际成本曲线

6.2.4 短期平均成本、平均可变成本与短期边际成本之间的关系

边际成本的变化直接影响平均成本和平均可变成本的变化，三者之间的关系可用图 6-4 来加以说明：

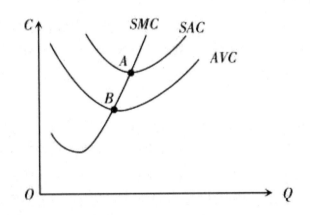

图 6-4 短期平均成本、平均可变成本与短期边际成本的关系

首先，短期边际成本曲线 SMC 与短期平均成本曲线 SAC 相交于 SAC 的最低点 A。在 A 点，短期边际成本等于平均成本，SMC=SAC；在 A 点的左侧，短期平均成本曲线 SAC 下降，短期边际成本曲线 SMC 位于 SAC 之下，表明短期边际成本小于短期平均成本，SMC<SAC；在 A 点的右侧，短期平均成本曲线 SAC 上升，短期边际成本曲线 SMC 位于 SAC 之上，表明短期边际成本大于短期平均成本，即 SMC>SAC。

其次，短期边际成本曲线 SMC 与平均可变成本曲线 AVC 相交于 AVC 的最低点 B。在 B 点，短期边际成本等于平均可变成本，SMC=AVC；在 B 点的左侧，平均可变成本

曲线 AVC 下降，短期边际成本曲线 SMC 位于 AVC 之下，表明短期边际成本小于平均可变成本，$SMC<AVC$；在 B 点的右侧，平均可变成本曲线 AVC 上升，短期边际成本曲线 SMC 位于 AVC 之上，表明短期边际成本大于平均可变成本，即 $SMC>AVC$。

在 A 点，短期边际成本等于短期平均成本。如果此时单位商品的价格等于短期平均成本，也会等于短期边际成本（$SMC=SAC=P$），那么厂商的短期总成本就恰好全部能够得到补偿。所以，A 点被称为收支相抵点。在 B 点，短期边际成本等于平均可变成本。如果此时单位商品的价格等于平均可变成本，即 $AVC=P$，那么厂商的可变成本就可以得到补偿，而固定成本却得不到补偿。如果在低于 B 点生产，则不仅固定成本不能得到补偿，可变成本也不能全部得到补偿，这时理性厂商会停止生产。所以，B 点被称为停止营业点。

6.2.5 短期成本变动的决定因素——边际报酬递减规律

边际报酬递减规律是短期生产理论中非常重要的一条理论，它说明在技术水平和其他要素投入量不变的条件下，连续地增加一种可变生产要素的投入量，当这种可变要素的投入量小于某一特定数值时，增加该要素的投入量所带来的边际产量是递增的；而当这种可变要素投入量连续增加并超过这一特定值时，增加该要素投入所带来的边际产量是递减的。

边际报酬递减规律成立的原因在于，在任何产品的生产过程中，可变生产要素与固定生产要素之间在数量上都存在一个最佳配合比例。当生产开始时，由于可变要素投入量小于最佳配合比例所需要的数量，随着可变要素投入量的逐渐增加，它和不变生产要素的配合比例越来越接近最佳配合比例，可变要素的边际产量也就呈递增的趋势。当达到最佳配合比例后，再增加可变要素的投入，它与固定要素的配比偏离最优，可变生产要素的边际产量就呈递减趋势。

6.3 长期成本

在长期内，厂商可以根据需要调整全部生产要素，即增大或缩小生产规模。因此，长期内没有固定成本与可变成本之分，我们只需要分析长期中的总成本、平均成本与边际成本。

6.3.1 长期总成本

长期总成本是指厂商在长期中生产一定量产品所花费的成本总和。长期总成本随着产量的增加而增加，当产量为零时，总成本也为零。

长期总成本曲线 *LTC* 是短期总成本曲线 *STC* 的包络线，即它把无数条短期总成本曲线包围起来，每条短期总成本曲线与长期总成本曲线相交，如图 6-5 所示。

如果厂商可以选择生产规模，那么，对于某个确定的产量水平，厂商可以选择总成本最小的那种生产规模。在图 6-5 中，假定厂商可以在三种不同的规模中进行选择来生产产量 *Q*，如果生产规模为 Q_1，厂商可以选择在 STC_1、STC_2、STC_3 之一的曲线上进行生产（注意：一旦确定生产规模，此时的生产总成本就是短期总成本）。厂商必然会选择生产规模 STC_1 上的 *a* 点进行生产，因为在 Q_1 产量下 STC_1 的位置低于其他两条短期总成本曲线，即此时生产总成本最低。*a* 点也位于 *LTC* 曲线上，是 STC_1 与 *LTC* 的切点。可见，长期总成本曲线是一系列最低成本点的轨迹。

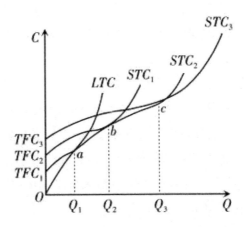

图 6-5 短期总成本曲线与长期总成本曲线

长期总成本曲线 *LTC* 的形状与短期总成本曲线 *STC* 的形状相似，也是一条反 *S* 形曲线，但两者有两点区别：第一，*LTC* 曲线从原点出发，而 *STC* 曲线不从原点出发。这是因为，在长期不存在固定成本，产量为零时，长期总成本也为零。第二，*STC* 曲线和 *LTC* 曲线的形状的决定因素是不同。*STC* 曲线的形状是由可变生产要素的边际产量递减规律所决定的，而 *LTC* 曲线的形状是由生产的规模报酬递减规律所决定的。

6.3.2 长期平均成本

长期平均成本是指长期中厂商生产每单位产品所花费的成本。可用下面的公式表示：

$$LAC = \frac{LTC}{Q}$$

(6-6)

长期平均成本曲线 LAC 也可以通过短期平均成本曲线 SAC 求得，它是短期平均成本曲线的包络线。在图 6-6 中，我们在被长期平均成本曲线所包络的无数条短期平均成本曲线中任意选择 5 条，分别记为 SAC_1、SAC_2、SAC_3、SAC_4 和 SAC_5，这 5 条短期平均成本曲线分别表示不同的生产规模下短期平均成本的变化情况，越靠右的短期平均成本曲线所代表的生产规模越大。每条曲线与 LAC 曲线不相交但相切，并且只有一个切点，如图 6-6 中 A 点、B 点、C 点、D 点和 E 点所示。由于 LAC 曲线与 SAC 曲线的斜率不同，因此，这两种曲线虽然相切，但绝大多数情况下并不能在两者的最低点相切。在图 6-6 中，曲线 SAC_3 和 LAC 在 C 点相切，C 点既是曲线 SAC_3 最低点，又是曲线 LAC 的最低点。我们把短期平均成本曲线最低点称为最优产出，它意味着厂商通过选择可变要素的最佳投入量使短期平均成本最低，这是在生产规模既定条件下厂商所能选择的最佳点；我们把长期平均成本曲线的最低点称为最佳工厂规模点，它意味着厂商通过选择最适宜生产规模来使长期平均成本最低，这是生产规模待定条件下厂商可能选择的最佳点。而在 C 点，厂商既能做到使短期平均成本最低，又能做到使长期平均成本最低，这是一种最为理想的状态。在 C 点左侧，曲线 SAC_1、SAC_2 是其最低点左边的某一点（A 点、B 点）与 LAC 曲线相切。在 C 点右侧，曲线 SAC_4、SAC_5 是其最低点右边的某一点（D 点、E 点）与 LAC 曲线相切。

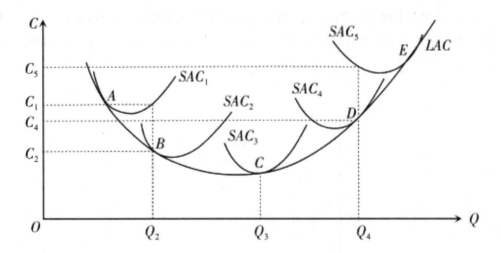

图 6-6 短期平均成本与长期平均成本

注意：不是各短期平均成本的最低点都与长期平均成本曲线相切。只有在长期平均成本曲线最低点时，短期平均成本曲线最低点才会与之相切。

长期平均成本曲线 LAC 也是一条先上升后下降的 U 形曲线。这说明，长期平均成本随着产量的增加，先减少后增加。随着产量的增加，开始时规模收益递增，平均成本减少；之后，出现规模收益不变，平均成本不变；最后，出现规模收益递减，平均成本递增加。值得注意的是，对于许多行业而言，从规模收益递增到规模收益递减，有一个较长的规模收益不变阶段，反映在图形上，就是长期平均成本曲线 LAC 从左侧的快速下降到右侧的快速上升，中间有一段较长的平坦区域。

6.3.3 长期边际成本

长期边际成本是指长期中厂商每增加一单位产量所增加的成本。可用下面的公式表示：

$$AR = \frac{TR}{Q}$$

（6-7）

LMC 也可以从 LTC 曲线中推出，它代表长期总成本曲线 LTC 上相同产量时的斜率。LMC 曲线，也是一条先下降后上升的 U 形曲线，表明长期边际成本也是随产量的增加先减少后增加的。

LMC 曲线与 LAC 曲线的关系和 SMC 曲线与 SAC 曲线的关系一样，两者相交于 LAC 曲线的最低点 E。在 E 点的左侧，LMC 低于 LAC，LAC 曲线下降；在 E 点的右侧，LMC 高于 LAC，LAC 曲线上升。如图 6-7 所示：

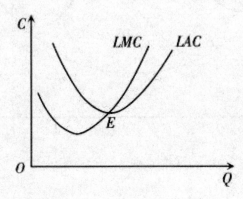

图 6-7 长期平均成本曲线与长期边际成本曲线的关系

6.4 利润最大化原则

厂商进行生产的目的是实现利润最大化。要解决利润最大化问题，除了了解成本的概念外，还要对收益、利润和利润最大化的实现条件进行分析。

6.4.1 厂商收益

厂商收益是指厂商销售商品所得到的收入，即销售收入。关于收益，涉及三个主要的概念，即总收益、平均收益和边际收益。

总收益是指厂商按一定价格销售一定量商品所得到的全部收益，等于单位商品价格与总销售量的乘积。以 TR 代表总收益，P 代表价格，Q 代表销售量，则有：

$$TR = P \times Q \qquad (6\text{-}8)$$

平均收益是指厂商销售每一单位商品所得到的收入，等于总收益与总销售量之比。以 AR 代表平均收益，则有：

$$AR = \frac{TR}{Q}$$

（6-9）

边际收益是指厂商每增加一单位商品的销售所增加的收益，以 MR 代表边际收益，以 ΔQ 代表增加的销售量，则有：

$$MR = \frac{\Delta TR}{\Delta Q}$$

（6-10）

在不同的市场结构中，收益变动的规律并不完全相同，边际收益曲线与平均收益曲线的形状也不相同。这一点在以后将会学习到。

6.4.2 利润最大化的条件

利润是指厂商得到的总收益减去总成本的差值。以 π 代表利润，则 π =TR-TC，那么利润最大化就是使 TR 与 TC 之间差额最大化。因为总收益 TR 与总成本 TC 都是产量的函数，所以利润 π 也是产量的函数。对厂商而言，实现利润最大化，就是要确定一个适合的产量，使得 TR 和 TC 之间的差额最大。这实质上是对厂商的利润目标函数求极值的问题。利润目标函数为：

$$\pi(Q) = TR(Q) - TC(Q)$$

（6-11）

根据数学原理，令上述目标函数的一阶导数为零，即：

$$\frac{\mathrm{d}\pi}{\mathrm{d}Q} = \frac{\mathrm{d}TR}{\mathrm{d}Q} - \frac{\mathrm{d}TC}{\mathrm{d}Q} = 0$$

（6-12）

按照定义，总收益与总成本对于 Q 的一阶导数即为边际收入 MR 与边际成本 MC。所以，厂商利润最大化的条件是边际收入=边际成本，即 $MR=MC$。

对于这一原则，也可以这样理解：如果 $MR>MC$，表明厂商每多生产一单位产品所增加的收益大于所增加的成本，这时企业可通过增加产量来增加利润，然而此时利润并没有达到最大化；如果 $MR<MC$，表明厂商每多生产一单位产品所增加的收益小于所增加的成本，这时，企业应通过减少产量来增加利润；只有在 $MR=MC$ 时，厂商才不会调整产量，实现了利润最大化。此时，厂商处在收益曲线和成本曲线所能产生的最好的结果之中。

任务 7 厂商均衡理论

7.1 市场结构

7.1.1 市场结构的概念

经济学认为，广义的市场是指一切商品交换关系的总和。与市场概念紧密相连的另外一个概念是行业。所谓行业，是指生产同一类商品的所有厂商的总体。在分析市场结构时，市场是指行业。例如，汽车市场是汽车行业、旅游市场是旅游行业等。一个行业可能包括许多厂商，也可能只有少数几家厂商，甚至只有一家厂商。

市场结构是指市场的竞争与垄断程度。不同的市场结构类型决定着企业不同的目标以及为了达到目标所采取的不同手段。

7.1.2 划分市场结构的标准

各个市场不同的竞争与垄断程度形成了不同的市场结构，经济学通常根据以下三个标准来划分市场结构：

7.1.2.1 市场集中程度

市场集中程度是指某个行业中大企业对整个市场的控制程度，用市场占有率来表示。一个行业中如果企业规模越大，企业数量越少，大企业的市场占有率越高，这些大企业对整个市场的控制程度越高，行业的市场集中程度就越高，该行业的垄断程度就越高；反之，一个行业中如果企业规模越小，企业数量越多，其中相对较大企业的市场占有率就不会很高，这些企业对整个市场的控制程度低，那么，这个行业的竞争程度就高。

也可以计算三家集中率、五家集中率，或其他若干家集中率，但最常用的是四家集中率。其他集中率的计算方法可以依此类推。

一般用两个标准来判断一个行业的集中程度。

一是四家集中率，即某一行业中规模最大的四家企业的市场销售额占整个行业市场销售额的比例。一般用 R 代表示四家集中率，用 T 代表这个行业的销售额，A_1、A_2、A_3、

A_4 分别表示该行业中规模最大的四家企业的市场销售额，其计算方法如下：

$$R = \frac{A_1 + A_2 + A_3 + A_4}{T} \qquad (7\text{-}1)$$

假设某一市场 T=1000 亿元，A_1=200 亿元，A_2=160 亿元，A_3=140 亿元，A_4=100 亿

元；则这个行业的四家集中率就是 $R = \dfrac{200亿 + 160亿 + 140亿 + 100亿}{1000} = 60\%$，该市

场集中程度较高。

二是赫芬达尔—赫希曼指数，这个指数是计算某一市场上 50 家最大企业（如果少于 50 家企业就是所有企业）市场占有份额的百分数的平方之和。将某一行业中 50 家最大企业的市场份额的百分数分别记为 S_1，S_2，…，S_i，…，S_{50}，那么这一行业的赫芬达尔—赫希曼指数可以通过以下公式计算：

$$HHI = \sum_{i=1}^{50} S_i^2 = s_1^2 + s_2^2 + \cdots + s_{50}^2 \qquad (7\text{-}2)$$

如果某个行业只有一家企业，那么这个行业的 HHI=(100)²=10000；如果某个行业包含 100 家企业，每家企业占有 1% 的市场份额，那么这个行业的 HHI=1²×50=50。

由此可见，HHI 越大，表示行业的集中程度越高，垄断程度越高。

7.1.2.2 进入限制

如果一个行业的进入限制越低，企业越容易进入，该行业的企业数量越多，市场竞争程度就越高；反之，如果一个行业的进入限制越高，企业越难进入，该行业的企业数量越少，市场竞争程度就越低。行业进入退出的限制是对称的，难进入的行业也难退出，容易进入的行业也容易退出，所以一般将进入与退出的限制统称为进入限制。

垄断形成的关键是进入限制。进入限制是指企业进入或退出一个行业的难易程度。进入与退出的难易程度是对称的。

行业的进入限制主要来自自然原因和立法原因。自然原因包括资源与规模经济，如果一家或少数几家企业控制了某个行业的关键资源，其他企业无法得到这种资源，就不能进入该行业。例如，戴比尔斯公司控制了世界钻石资源的 80%，其他企业因而很难进入钻石行业。一些行业具有明显的规模经济特征，由于固定成本很高，只有当产量达到极高水平，才能通过降低平均成本来获得一定的利润。这些行业要求企业规模很大，一般企业很难进入该行业。因此，这类行业通常只拥有少数几家大型企业。例如，汽车行

业固定成本一般要求很高，达到几亿元甚至十几亿元，只有当企业规模很大时，才能将平均成本降到一定水平以保证获利。因此，汽车市场上通常只有少数几家大型企业，其他企业难以进入。美国、日本都是世界上汽车生产大国，他们的汽车行业主要由为数不多的几家巨头厂商构成，如福特、通用、戴姆勒-克莱斯勒、丰田、本田、日产等。

立法原因是政府法律法规对进入某些行业进行的限制。这种立法限制主要采取三种形式：一是特许经营，即政府通过法律规定将某个行业的经营权交给某个或少数几个企业，其他企业不得进入这个行业。例如，许多国家规定邮政业务由国家邮政局独家特许经营，其他企业不得进入。二是许可证制度，一些特殊行业的进入需要由政府发放许可证。例如，我国许多城市对出租车行业的管理就实行许可证制度，只有拥有许可证才能经营出租车。三是专利制度，这是国际上通行的一种利用法律手段确认发明人对其发明享有专利权，以保护和促进技术创新的制度。它规定发明人在一定时期内对其发明拥有排他性垄断产权，其他企业则不能从事这种产品的生产。垄断竞争形成的关键是产品差别的存在。

7.1.2.3 产品差别

产品差别是指同一种类产品在质量、品牌、包装或销售条件等方面的差别。一种产品不仅要满足人们的实际使用需要，还要满足人们的心理需要。每个人由于收入水平、社会地位、文化教育、宗教信仰不同，偏好也不同。产品差别正是为了满足消费者的不同偏好。消费者对同一产品的细微差别可能都有一定要求。例如同样的西装，收入高的人要求穿名牌，以显示自己的社会身份。他们愿意为此而付出较高的价格。

同类产品市场上的不同企业所生产的商品可能会存在多个方面的差别。这种差别可能来自：第一，产品的内在质量不同。不同企业由于在原材料、加工工艺、技术水平等方面的不同，会引起产品质量差异。例如服装行业，不同企业所生产的产品在内在质量上就存在很大差异。第二，产品的外在形象不同。比较注重产品包装的企业会使自己的产品在形象上脱颖而出，例如，大型鲜花商店商品包装都比较精致，给人一种美的享受，这就与那些包装简陋的鲜花商品形成了明显的差别。第三，产品的品牌不同。在现代市场经济环境中，品牌是一种重要的产品差别。各行业中的知名品牌往往都拥有各自的忠实消费者，如联想、腾讯、海尔等。第四，产品的销售条件不同。有些企业比较注重产品的广告宣传，从而与其他产品形成了一定的差别。例如，"农夫山泉有点甜"这句广告词在各种媒体平台大量出现，给消费者带来了持续的感觉冲击，从而使农夫山泉与同行业的其他产品形成了差别。

每种有差别的产品都有自己的特色，并以此特色吸引消费者。因此，经济学家认为，产品差别会引起垄断。产品差别越高的行业，垄断程度越高，竞争程度越低；产品差别越低的行业，垄断程度越低，竞争程度越高。

7.1.3 市场结构类型

根据市场集中程度、进入限制与产品差别三个标准，可以把市场结构划分为四种类型，即完全竞争市场、垄断竞争市场、寡头垄断市场和完全垄断市场。完全竞争市场和完全垄断市场是两种极端的市场结构，垄断竞争市场和寡头垄断市场则介于上述两个极端之间，分别包含不同程度的竞争和垄断。四种市场结构类型及其特征可用表 7-1来概括：

表 7-1 四种市场结构类型

市场结构	厂商数量	产品差别	价格控制	进入限制	举例
完全竞争	无穷	无差别	无	无	农产品
垄断竞争	较多	有差别	较小	较小	轻工产品
寡头垄断	较少	有差别或无差别	较大	较大	汽车
完全垄断	唯一	产品唯一，且无相似的替代品	完全	很困难，几乎不可能	公用事业，如电、水

表 7-1 只是对四种市场结构类型及其特征的一个简单说明，在以下内容中，我们会逐一介绍各种市场结构，并分别讨论这四种市场结构条件下产生的均衡状况。

7.2 完全竞争市场

完全竞争市场是指竞争不受任何阻碍和干扰、不包含任何垄断因素的市场。在完全竞争市场中，厂商数量很多，规模也很小，就像物质结构中的原子一样。因此，完全竞争市场又称为"原子市场"。

7.2.1 完全竞争市场的基本特征

完全竞争市场必须同时具备以下四个基本条件,它们同时也是完全竞争市场的基本特征:

第一,市场上有大量的买者和卖者。任何个体所占比例极小,其经济行为不能影响市场价格。这就意味着,市场价格由整个市场的供给与需求决定,即由所有生产者与所有消费者的总体行为分别决定。无论是单个厂商,还是单个消费者,在总体中都微不足道;他们无法控制市场价格,只能是市场既定价格的被动接受者。

第二,产品的同质性,每个厂商所提供的产品是完全无差异、可以相互替代的。这样一来,对于消费者而言,购买任何一家厂商的产品都是一样的。因此,如果某个厂商单独提高价格,那么其产品就可能一件也卖不出去。当然,厂商也没必要单独降价。这个条件进一步强化了单个厂商只是市场价格接受者的说法。

第三,进入或退出均无限制。厂商可以自由决定进入一个盈利的行业,也可以决定退出一个亏损的行业;所有资源都具有完全的流动性,可以自由流入该行业,也可以自由流出该行业。这个条件意味着,行业内的每个厂商只可能获得正常利润,既不可能取得超额利润,也不可能亏损。因为,如果存在超额利润,行业外的资源会流入该行业;如果出现亏损,行业内的厂商会选择退出该行业,两种情形的最终结果使留在行业内的厂商取得正常利润。

第四,完全信息。所有的买者和卖者都对交易具有完全的信息,他们都知道既定的市场价格,也都按照这个既定的市场价格进行交易;这就排除了由于信息不完全可能导致的一个市场同时按照不同的价格进行交易的情形。

在现实生活中,同时符合上述四个条件的市场类型很少,或者几乎不存在;只有一些农产品市场,如大米市场、小麦市场等,被认为和上述条件相近。因此,通常将这些农产品市场看成类似于完全竞争市场。经济学家认为,对完全竞争市场的研究十分重要,因为我们可以从对完全竞争市场这种理想模式的分析中得到关于市场机制配置资源的一些基本原理,并为评价其他市场结构类型的经济效率提供参照标准。

7.2.2 完全竞争厂商的需求曲线

消费者对整个行业的商品的需求总量称为行业所面临的需求量,相应的需求曲线称为行业所面临的需求曲线,是一条向右下方倾斜的线。整个行业中所有生产者所供给的商品总量称为行业的供给量,相应的供给曲线称为行业的供给曲线,是一条向右上方倾斜的线。整个行业的商品市场价格，由行业的需求与供给决定。如图 7-1（a）所示，行业的需求与供给决定了均衡价格为 P_e。

我们要认识到，一个行业（市场）与一家厂商是不同的。在完全竞争市场上，一家厂商与整个行业所面临的需求曲线是不同的。完全竞争市场上单个厂商的经济行为不能影响或控制价格，它只能被动地接受由该行业的需求与供给决定的既定均衡价格，并按照这个价格销售其所有产品。因此，单个厂商所面临的需求曲线则是一条和横轴平行的直线。如图 7-1（b）所示，当市场均衡价格为 P_e 时，单个厂商只能接受这个价格作为自己产品的销售价格；它所面临的需求曲线 d 平行于横轴，具有无穷大的价格弹性。也就是说，在完全竞争市场中，如果单个厂商稍微提高一点产品的价格，那么其产品可能一个也卖不出去，因为消费者会转而购买其他厂商的这种产品；而如果单个厂商稍微降低一点产品的价格，那么，它不管有多少产品都可能会一销而空。

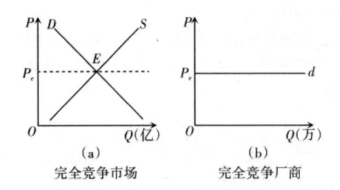

图 7-1 完全竞争市场的行业均衡与单个厂商所面临的需求曲线

注意：一家厂商与整个行业所面临的需求曲线是不同的。

7.2.3 完全竞争厂商的总收益、平均收益、边际收益

7.2.3.1 总收益

总收益是厂商所获得的收益总量。即总收益为价格与销售量的乘积。以 TR 代表总收益，P 代表产品价格，q 代表单个厂商的产品销售量，则有：

$$TR=P\times q \tag{7-3}$$

7.2.3.2 平均收益

平均收益是厂商销售单位产品所得到的收益。即平均收益为总收益与销售量的商，以 AR 代表平均收益，则有：

$$AR = \frac{TR}{q} = \frac{P \times q}{q} = P$$

（7-4）

7.2.3.3 边际收益

边际收益是厂商增加一单位产品销售所增加的收益。以 MR 代表边际收益，则有：

$$MR = \frac{\mathrm{d}(TR)}{\mathrm{d}q} = \frac{\mathrm{d}(P \times q)}{\mathrm{d}q} = P$$

（7-5）

从上面的计算可知，完全竞争市场上应有 $AR=MR=P$，即厂商的平均收益等于其边际收益，也等于商品的价格。

需要说明的是，在所有类型的市场结构中（不包含价格歧视的情形），厂商的平均收益等于价格。唯有在完全竞争市场结构中，不仅平均收益，厂商的边际收益也等于价格，如表 7-2 所示：

表 7-2 完全竞争市场上价格总收益、平均收益与边际收益

销售量	价格	总收益	平均收益	边际收益
0	10	0	0	0
1	10	10	10	10
2	10	20	10	10
3	10	30	10	10
4	10	40	10	10
5	10	50	10	10
6	10	60	10	10

根据表 7-2 可以做出图 7-2。在完全竞争市场中，由于产品的市场价格固定，平均收益、边际收益都等于其价格，如图 7-2 所示，平均收益曲线、边际收益曲线与需求线是同一条水平线。

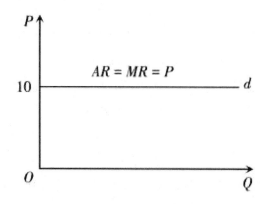

图 7-2 完全竞争厂商的平均收益、边际收益与价格

注意：一家厂商与整个行业所面临的需求曲线是不同的。

7.2.4 完全竞争厂商的短期均衡

7.2.4.1 完全竞争厂商短期均衡的条件

生产者总是在追求利润最大化的目标，而要实现利润最大化，就必须满足一个条件，即厂商的边际收益等于其边际成本（$MR=MC$）。完全竞争市场中厂商均衡的条件，如图 7-3 所示：

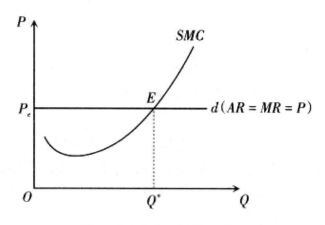

图 7-3 完全竞争厂商的短期均衡

注意：短期的含义是一个企业生产规模不能变。均衡的结果取决于整个市场的供求

关系。

在图 7-3 中，厂商的边际收益曲线为 MR（同时也是其面临的需求曲线），短期边际成本曲线为 SMC；根据边际收益等于边际成本的原则，即 $MR=SMC$，可以确定完全竞争厂商的短期的均衡点为 E，即 MR 与 SMC 曲线的交点。均衡点 E 所对应的产量 $Q*$ 即为均衡产量。这就意味着，当厂商的销售量为 $Q*$ 时，它所得到的利润达到最大。

完全竞争厂商短期均衡的条件是边际收益等于短期边际成本，即：

$$MR=SMC \tag{7-6}$$

其含义表明，在完全竞争市场中，单个企业应根据上述原则来确定自身的产量，以实现的利润最大化的目标。

7.2.4.2 完全竞争厂商短期均衡的三种情形

在完全竞争市场中，当厂商实现短期均衡时，可能有以下三种情形：

第一种情形：当产品的市场价格较高时，平均收益大于平均成本，即 $AR>SAC$，厂商获得利润，如图 7-4 所示：

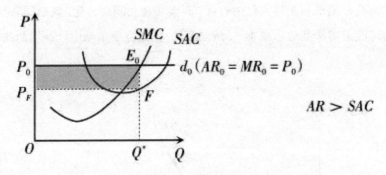

图 7-4 完全竞争厂商的短期均衡（一）

在图 7-4 中，根据边际收益等于边际成本的原则（$MR=MC$），可以确定完全竞争厂商的均衡点为 E_0，均衡产量为 $Q*$，均衡价格为 P_0。这时，厂商的平均收益大于平均成本（$Q*$ 产量下 AR 曲线高于 SAC 曲线），厂商能够获得利润，其总利润为 $(P_0-PF)\cdot Q*$，相当于图中矩形 $P_0E_0FP_F$ 的面积。

第二种情形：当产品的市场价格适中时，平均收益等于平均成本，即 $AR=SAC$，厂商获得的利润为零，如图 7-5 所示：

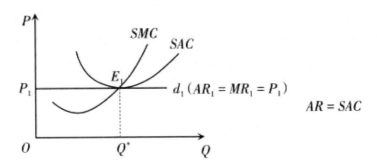

图 7-5 完全竞争厂商的短期均衡（二）

在图 7-5 中，相对于第一种情形，产品的市场价格有所下降，由 P_0 下降到 P_1，完全竞争厂商所面临的需求曲线也相应地由 d_0 变化为 d_1，而且，这条需求曲线恰好与短期平均成本曲线 SAC 相切，切点为 E_1。显然，E_1 点为 SAC 的最低点，也是短期边际成本曲线 SMC 与短期平均成本曲线 SAC 的交点。所以，点 E_1 为三条曲线 SMC、SAC、MR_1 的交点。根据 $MR_1 = SMC$，可知点 E_1 为厂商的短期均衡点，均衡产量为 Q^*，这时，厂商的平均收益等于平均成本（均为 P_1），厂商的利润恰好为零，厂商既无利润又无亏损。实际上，点 E_1 就是收支相抵点。

必须要注意的是，这里说的"利润"是经济利润或超额利润；即厂商的超额利润为零，它的正常利润（会计利润）实际上已经全部实现了。而上述第一种情形，厂商不仅获得了正常利润，而且获得超额利润。正常利润与超额利润的概念中引入了经济学常说的"机会成本"。

第三种情形：当产品的市场价格较低时，厂商平均收益小于平均成本，即 $AR < SAC$，厂商会出现亏损，如图 7-6 所示：

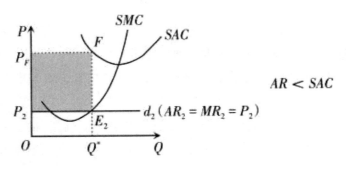

图 7-6 完全竞争厂商的短期均衡（三）

在图 7-6 中，假设产品的市场价格进一步下降为 P_2，厂商所面临的需求曲线为 d_2，根据 $MR_2=SMC$，可知厂商的短期的均衡点为 E_2，对应的均衡产量为 Q^*。这时，厂商的平均收益小于平均成本（Q^*产量下 AR 曲线低于 SAC 曲线），厂商会出现亏损，总亏损为 $(P_F-P_2) \cdot Q^*$，即矩形 $P_FFE_2P_2$ 面积。

在第三种情形下，厂商会出现亏损，那么厂商是否会停止营业呢？可以引入厂商短期平均可变成本做进一步的分析，如图 7-7 所示：

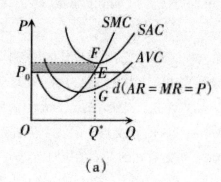

（a）

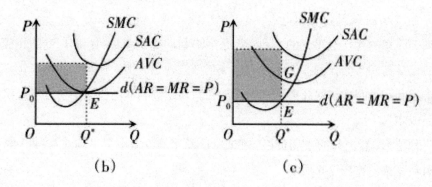

（b）　　　　　　　　（c）

图 7-7 完全竞争厂商亏损的不同程度

在图 7-7（a）（b）（c）中，厂商的均衡产量都标记为 Q^*，它们之间的区别在于需求曲线 d（同时也是平均收益曲线 AR）相对于短期平均成本 SAC 与平均可变成本 AVC 的位置。

在图 7-7（a）中，厂商的平均收益小于短期平均成本 SAC，但大于平均可变成本 AVC。所以，厂商虽然亏损，但仍然会继续生产。这是因为，在这种情况下，厂商在用全部收益弥补全部可变成本以后还有剩余，而这些剩余可以用于弥补在短期内始终存在的固定成本的一部分。此时厂商继续生产的亏损比停止营业的亏损小，理性的厂商必然会选择继续生产。

在图 7-7（b）中，厂商的平均收益小于短期平均成本 SAC，但恰好等于平均可变成本 AVC。所以，厂商可以继续生产，也可以不生产，即厂商生产与不生产的结果都是一样的。这是因为，如果厂商继续生产的话，则全部收益只能用于弥补全部的可变成本，固定成本一点也不能得到弥补；如果厂商不生产的话，厂商虽然不必支付可变成本，但是全部固定成本仍然存在。此时，厂商继续生产与停止营业的亏损数量是相同的，这一点称为厂商的停止营业点。

在图 7-7（c）中，厂商的平均收益不仅小于短期平均成本 SAC，也小于平均可变成本 AVC，所以厂商将停止生产。这是因为，如果厂商继续生产，则全部收益连可变成本都无法全部弥补，更谈不上对固定成本的弥补了；而如果厂商停止生产，可变成本就不会发生。所以，此时厂商停止营业比继续生产亏损要小，理性的厂商会选择停止营业。

综上所述，完全竞争厂商短期均衡的条件是：$MR=SMC$。

在短期均衡产量上，厂商获取的超额利润可能大于零，也可能等于零，或者小于零。

7.2.4.3 完全竞争厂商的短期供给曲线

由价格理论可知，供给曲线就是在其他条件不变的情况下，每一个价格水平厂商愿意且能够提供的商品的数量。我们将从完全竞争厂商的短期均衡分析中，推导出它们的短期供给曲线。

完全竞争厂商短期均衡的条件为：$MR=SMC$，由于 $AR=MR=P$，所以可以得到该均衡条件的另一种表达方式：$P=SMC$。即完全竞争厂商为了实现短期的最大利润，应该选择使商品的价格 P 与边际成本 SMC 相等的均衡产量 Q^*。每一个短期均衡点上厂商的产量与价格之间的对应关系如图 7-8 所示。根据厂商的短期均衡条件 $P=MR=SMC$，可以标出各种情况下的均衡点：当商品的市场价格为时 P_i，厂商的短期均衡点为 E_i，对应的均衡产量为 Q_i（$i=1$，2，3，4）。显然，由点 E_1、E_2、E_3、E_4 等组成的曲线就是厂商的供给曲线，因为它们表明了在不同价格下厂商愿意供给的数量，这符合供给曲线的定义。由于点 E_1、E_2、E_3、E_4 等都在厂商的边际成本曲线 SMC 上，所以，可以得出结论：短期内完全竞争厂商的短期供给曲线就是其边际成本曲线 SMC。当然，从前面的分析中我们已经了解到，当市场的价格低于 P_4 时，厂商会停止营业。所以，曲线 SMC 低于价格 P_4 以下的部分，并不是厂商短期供给曲线的一部分。

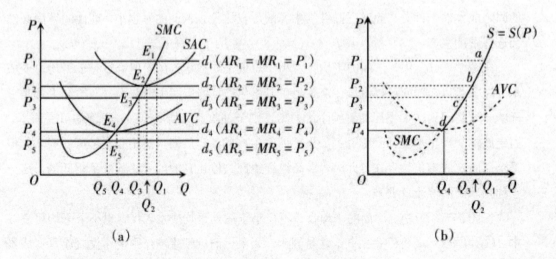

图 7-8 由完全竞争厂商的短期均衡推导其供给曲线

综上所述，完全竞争厂商短期供给曲线就是厂商短期边际成本 SMC 曲线上等于或高于平均可变成本 AVC 曲线最低点的部分。完全竞争厂商的短期供给曲线必然是向右上方倾斜的。

7.2.5 完全竞争厂商的长期均衡

在长期中，全部生产要素都是可变的。各个厂商都可以根据市场价格来充分调整产量，还可以自由进入或退出该行业，来实现长期生产中的利润最大化。厂商在长期中对全部生产要素的调整可以通过两种方式来进行；第一种方式是对进入或退出一个行业的决策，即是否生产；第二种方式是对最优生产规模的选择，即生产多少。单个厂商的自行调整会影响整个行业的供给，从而影响产品的市场价格。具体而言，当行业的供给小于需求时，产品的市场价格较高，各个企业会扩大生产规模，其他企业也会进入该行业，从而使整个行业的供给增加，产品的价格水平下降；当行业的供给大于需求时，产品的市场价格较低，各个企业会减少生产规模，有些企业会退出该行业，从而使整个行业供给减少，产品的价格水平上升。最终产品的价格水平会达到使各个厂商既无超额利润可赚，也无亏损的状态。这时，整个行业供求平衡，各个企业也不再调整产量，即实现了长期均衡。

注意：在长期中一个企业的生产规模可以变动。

图 7-9 可用来描绘完全竞争市场的长期均衡。如图 7-9 所示，LMC 是厂商的长期边

际成本曲线，*LAC* 是长期平均成本曲线，d_1、d_3 分别表示当整个行业的供给小于（大于）需求、价格较高（较低）时单个厂商的需求曲线。如上所述，当整个行业由于供给小于需求导致价格较高时，会引起行业的供给增加，市场价格水平下降，促使单个厂商的需求曲线 d_1 向下移动，直至供给等于需求时为止；当整个行业由于供给大于需求导致价格较低时，会引起行业的供给减少，市场价格水平上升，促使单个厂商的需求曲线 d_3 向上移动，直至供给等于需求为止。这两种方向的调整最终都会使厂商需求曲线移动至 d_3。此时，长期边际成本曲线 *LMC* 与边际收益曲线 *MR*（即 d_2）相交于 E_2，这同时也是长期平均成本 *LAC* 的最低点。此时，厂商的总收益和总成本均可表述为矩形 $OP_2E_2Q_2$ 的面积。总收益恰好等于总成本，厂商既无超额利润也不会亏损。因此，厂商不再调整产量，即达到长期均衡。

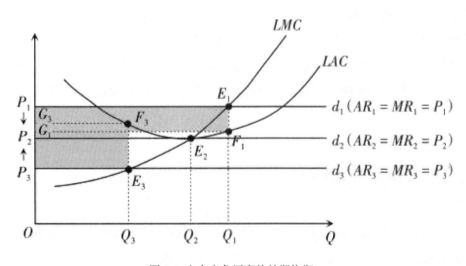

图 7-9 完全竞争厂商的长期均衡

综上所述，当完全竞争厂商实现长期均衡时，长期边际成本 *LMC*、长期平均成本 *LAC*、边际收益 *MR* 曲线同时相交于 E_2。完全竞争厂商长期均衡的条件为：*MR=LMC=LAC*。

长期均衡点 E_2 实际上就是之前介绍的收支相抵点，这时总成本与总收益相等，厂商不能得到超额利润。但是，厂商可以得到正常利润。因为正常利润是生产要素之一的企业家才能的合理报酬，而这种报酬是计算到经济成本中去的。在完全竞争市场上，由于竞争激烈，长期中厂商不能得到超额利润，而只能得到正常利润。

同时，还应注意到，长期均衡点 E_2 是长期平均成本 LAC 的最低点。这就意味着，在完全竞争市场中，长期而言，厂商是在平均成本最小处进行生产的，因而可以实现成本最小化，从而经济效益最高。这正是经济学家将完全竞争市场作为一种最理想市场结构的理由。

7.2.6 对完全竞争市场的简单评论

虽然完全竞争市场在现实生活中并不存在，但是，经济学家却将其作为一种市场结构的标准模式进行研究。这是因为，完全竞争市场具有一系列优点：第一，在长期均衡时，实现了平均成本最小化。这说明通过完全竞争，可以使资源得到最优配置，从而对整个社会是有利的。第二，平均成本最低决定了产品价格也可能是最低的，这对消费者是有利的。可见，在完全竞争市场上，价格机制可以充分发挥其"看不见的手"的作用，对整个经济运行进行有效调节。

想一想这样一句话：理想在现实中往往是不存在的。

当然，也有许多经济学家指出完全竞争市场的缺点，主要表现在：第一，产品同质性，这样，消费者的多样化需求无法得到满足。第二，产生规模较小，不利于实现规模经济。

7.3 完全垄断市场

完全垄断市场又称垄断市场，是指整个行业的市场处于被一家厂商完全控制的状态；即企业就是行业，一家厂商控制了某种产品的市场。

7.3.1 完全垄断市场的基本特征

垄断市场必须同时具备以下三个基本条件，它们同时也是垄断市场的三个基本特征：

第一，进入限制。形成垄断的关键条件是进入限制，即任何其他企业无法进入这个市场。进入限制可以来自自然原因（自然垄断），例如这个行业中只有一家企业才能实现平均成本最低；或者说该企业垄断了这个行业的关键资源。进入限制也可以来自立法（立法垄断）。例如，特许专营或者专利权。

第二，产品唯一。一家企业控制整个市场的供给，市场上没有任何可与之替代的产品存在，也不存在任何别的企业的竞争威胁。

第三，价格的制定者。垄断企业可自行决定自己的产量和销售价格，并因此使自己利润最大化。同时，它可根据获利需要在不同的销售条件下实行不同的价格，即实行差别价格（价格歧视）。

7.3.2 完全垄断厂商的需求曲线、平均收益与边际收益

完全垄断厂商是市场上唯一的生产者。因此，完全垄断厂商代表了整个行业或市场，厂商的需求曲线就是市场的需求曲线。如图 7-10 所示，D 是市场的需求曲线，同时也是厂商的需求曲线（d）。

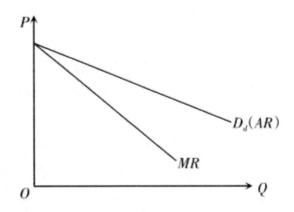

图 7-10 完全垄断厂商的需求曲线、平均收益曲线与边际收益曲线

注意：垄断市场与完全竞争市场上平均收益与边际收益关系的差别，并想想这是为什么？

平均收益是单位产品从销售中所得到的收益。在计算时，平均收益等于总收益除以销售量，即等于价格。完全垄断厂商的需求曲线 d 就是该厂商的平均收益曲线（AR）。

完全垄断厂商所面临的需求曲线 d 向右下方倾斜。在垄断市场上，产品的价格会随着销量的增加而下降，厂商的边际收益随之减少。那么，完全垄断厂商的边际收益与平均收益之间存在什么关系呢？如前所述，收益的变动规律与产量的变动规律相同。根据任务 5 所介绍的内容，我们已经知道，边际产量曲线与平均产量曲线从上方相交于平均

产量曲线的最高点，当平均产量减少时，边际产量小于平均产量。因此，当平均收益减少时，边际收益小于平均收益。

可用表 7-3 来具体说明完全垄断市场价格、平均收益、边际收益之间的关系。

表 7-3 完全垄断市场价格、平均收益与边际收益的关系

销售量	价格	总收益	平均收益	边际收益
0	—	0	—	—
1	5	5	5	5
2	4	8	4	3
3	3	9	3	1
4	2	8	2	-1
5	1	5	1	-3

由表 7-3 可知，在完全垄断市场中，价格随销售量增加而下降。平均收益总是等于价格，因而平均收益也随之下降。由于平均收益是下降的，所以边际收益小于平均收益。由于平均收益曲线与需求曲线重合，向右下方倾斜，所以边际收益曲线必然是位于平均收益曲线下方的另一条向右下方倾斜的线。如图 7-10 所示，Dd（AR）是市场需求曲线，也是厂商的需求曲线，同时还是厂商的平均收益曲线（AR）；MR 是厂商的边际收益曲线。

7.3.3 完全垄断厂商的短期均衡

垄断市场上的短期均衡分析实际上是理论分析，现实中由于只有一家企业控制市场，它不会让自己出现亏损。

在完全垄断市场上，虽然厂商可以通过对产量和价格的控制来实现利润最大化，但是它也并不能为所欲为，其决策和行为依然要受到市场需求情况的限制。如果厂商定价过高，消费者自然会减少需求量。完全垄断厂商为了获得最大化利润，也必须遵循边际收益等于边际成本的原则。在短期中，完全垄断厂商无法改变固定生产要素的投入量，厂商在既定的生产规模下通过调整产量来实现 $MR=MC$ 的利润最大化原则。在短期内，当市场供不应求时，完全垄断厂商能够获得超额利润；当市场供求平衡时，厂商只能获得正常利润；当市场供过于求时，厂商会出现亏损。

7.3.3.1 存在超额利润的短期均衡

在图 7-11 中，d 为完全垄断厂商的需求曲线，MR 为边际收益曲线，SAC、SMC 分别为短期平均成本曲线、短期边际成本曲线。根据边际收益等于边际成本的原则，边际收益曲线 MR 与短期边际成本曲线 SMC 的交点 E 即为完全垄断厂商的均衡点。也就是说，当厂商短期内调整产量为 Q_1（E 点对应的均衡产量）时就实现了均衡，即实现了利润最大化。

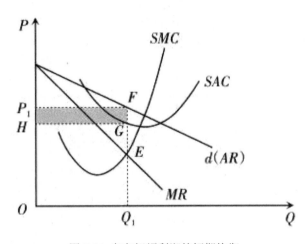

图 7-11 存在超额利润的短期均衡

那么，在实现均衡时，该厂商能够获得的利润为多少？利润等于总收益减去总成本。在均衡点，均衡产量为 Q_1，均衡价格为 P_1；垄断厂商的总收益等于 $P_1 \cdot Q_1$，即矩形 OP_1FQ_1 的面积；同时，厂商所耗费的短期平均成本为 $H \cdot Q_1$，即矩形 $OHGQ_1$ 的面积，总收益大于总成本，因此厂商能够获得超额利润 $(P_1-H) \cdot Q_1$，即矩形 HP_1FG 的面积。

综上所述，完全垄断厂商能够在短期均衡时获得超额利润的原因在于：市场供给小于需求导致产品价格较高，厂商的平均收益大于短期的平均成本。

7.3.3.2 得到正常利润的短期均衡

假定完全垄断厂商的成本曲线保持不变，而市场对该产品的需求不断减少，这使得厂商的需求曲线 d 不断向左下方平行移动。在这个过程中，一定会出现需求曲线 d 与短期平均成本曲线 SAC 相切的状况。如图 7-12 所示，完全垄断厂商的需求曲线 d 与短期平均成本曲线 SAC 相切于点 G。根据边际收益等于边际成本的原则，边际收益曲线 MR

与短期边际成本曲线 SMC 的交点 E 即为完全垄断厂商的均衡点。也就是说，当厂商短期内调整产量为 Q_1（E 点对应的均衡产量）时就实现了均衡，即实现了利润最大化。

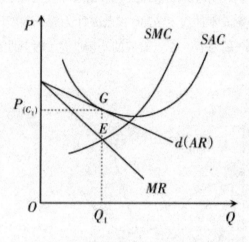

图 7-12 得到正常利润的短期均衡

我们进一步来分析一下此时厂商所获得的超额利润的大小。当产量为 Q_1 时，产品的价格为 P_1，厂商所获得的总收益为 $P_1 \cdot Q_1$，即矩形 OP_1GQ_1 的面积；同时，厂商所耗费的短期平均成本为 $C_1 \cdot Q_1$，即矩形 OC_1GQ_1 的面积。由于总收益等于总成本，因此厂商获得的超额利润为零。当然，此时该厂商能够获得正常的利润。

此时，该完全垄断厂商不能获得超额利润，只能获得正常利润。其原因在于整个市场的供给恰好等于需求，厂商的平均收益恰好等于短期平均成本。

7.3.3.3 存在亏损的短期均衡

假定完全垄断厂商的成本曲线保持不变，市场对该产品的需求继续减少，导致厂商的需求曲线 d 继续向左下方平行移动，并低于短期平均成本曲线 SAC，如图 7-13 所示。根据边际收益等于边际成本的原则，边际收益曲线 MR 与短期边际成本曲线 SMC 的交点 E 即为完全垄断厂商的均衡点。也就是说，当厂商短期内调整产量为 Q_1（E 点对应的均衡产量）时就实现了均衡，即实现了利润最大化。

当产量为 Q_1 时，产品的价格为 P_1，厂商所获得的总收益为 $P_1 \cdot Q_1$，即矩形 OP_1GQ_1 的面积；同时，厂商所耗费的短期平均成本为 $C_1 \cdot Q_1$，即矩形 OC_1FQ_1 的面积。由于总收益小于总成本，厂商出现了亏损，亏损大小相当于矩形 P_1C_1FG 的面积。

此时，该完全垄断厂商出现了亏损，原因在于整个市场供过于求，厂商的平均收益小于短期平均成本。完全垄断厂商出现亏损的情况似乎不好理解，其实关键在于此时是短期，虽然市场出现了供过于求的情况，厂商也无法调整固定生产要素，因而只能暂时忍受亏损。如果是长期，厂商就可以通过调整所有的生产要素，即调整生产规模，避免亏损，这将在下面的内容中介绍。同时，还应该注意到，如果市场供过于求比较严重，厂商的亏损比较大，也会出现厂商停止营业的情况。

在图 7-13 中，需求曲线 d 与厂商的平均可变成本曲线 AVC 相切于点 G，即总收益可以弥补可变成本，才可维持产量 Q_1。如果市场需求继续减少，需求曲线继续下降低至低于图中 d 的位置，与 AVC 再不相交或相切，厂商就无法继续生产了。所以，G 点即为停止营业的点。

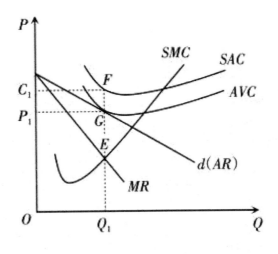

图 7-13 存在亏损的短期均衡

综上所述，在完全垄断市场中，厂商均衡的条件是：$MR=SMC$。

在现实短期均衡时，完全垄断厂商可能会获得超额利润，也可能只能获得正常利润，还可能会出现亏损，这取决于市场的供求状况。

7.3.4 完全垄断厂商的长期均衡

在长期中，完全垄断厂商可以调整全部生产要素，改变生产规模，实现利润最大化。与完全竞争市场不同，由于完全垄断市场排除了其他厂商进入的可能性，那么如果完全垄断厂商在短期内获得了超额利润，这种超额利润在长期内不会因为新厂商的加入而消失，即完全垄断厂商在长期内也能获得超额利润。

针对完全垄断厂商短期均衡的三种情况，即存在亏损、只有正常利润、存在超额利润。完全垄断厂商在长期内对生产的调整可能有三种不同的结果：第一种结果，完全垄断厂商在短期内存在亏损，如果在长期内，也不存在一个可以使其获得利润（或至少使亏损为零）的最优的生产规模，那么该厂商会选择退出该行业；第二种结果，虽然完全垄断厂商在短期内存在亏损，但在长期内，它可以通过调整生产规模摆脱亏损，甚至会获得超额利润，那么该厂商会通过对最优生产规模的选择，实现利润最大化；第三种结果，如果完全垄断厂商在短期内能够获得正常利润甚至超额利润，那么在长期内，该厂商会通过调整生产规模，实现利润最大化。上述第二种情况与第三种情况类似，下面利用图 7-14 来详细分析第三种情况下完全垄断产生均衡。

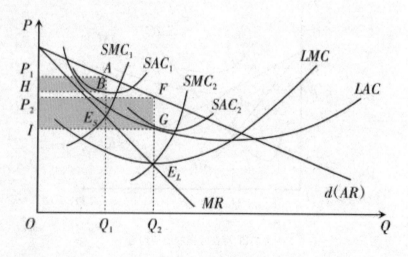

图 7-14 完全垄断厂商的长期均衡

在图 7-14 中，d 为完全垄断厂商的需求曲线，MR 为边际收益曲线，LMC 为长期边际成本曲线，LAC 为长期平均成本曲线。开始时，完全垄断厂商的生产规模用短期平均成本曲线 SAC_1 与短期边际成本曲线 SMC_1 表示，根据边际收益等于边际成本的原则，此时短期均衡产量为 Q_1，均衡价格为 P_1。

由于平均收益大于平均成本，所以厂商可以获得超额利润，其大小为矩形 P_1ABH 的面积。这是完全垄断厂商短期均衡的情况，然而由于产量为 Q_1 时，$MR \neq LMC$，所以此时它并没有实现长期均衡。在长期内，厂商可以通过调整生产规模，实现 $MR=LMC$。在图 7-14 中，该厂商在长期内可以调整生产规模至 SAC_2 与 SMC_2，此时，MR 与 LMC 相交于 LMC 的最低点，那么 $MR=LMC=SMC_2$，就可实现长期均衡，均衡产量为 Q_2，均衡价格为 P_2，厂商仍然可以获得超额利润，其大小为矩形 P_2FGI 的面积。显然，由于矩形 P_2FGI 的面积大于矩形 P_1ABH 的面积，所以厂商的超额利润增加。

通过以上分析可以发现，完全垄断厂商长期均衡的条件为：

$$MR=LMC=SMC \qquad\qquad (7\text{-}7)$$

在长期中，完全垄断厂商可以通过调整全部生产要素实现均衡。此时，厂商可以获得超额利润，这种超额利润是由于垄断引起的，本质上是一种垄断利润。

7.3.5 完全垄断厂商的定价策略

在完全垄断市场上，垄断企业可以采用两种定价策略，一是单一定价，二是歧视定价。

垄断企业以利润为目标时，可以通过控制产量进而控制价格，即先确定要达到的价格，然后根据这一价格，确定产量。因此，中心是定价策略。

7.3.5.1 单一定价

单一定价是指垄断企业以同一价格销售同一产品。

在完全垄断市场上，由于垄断企业是市场的唯一供给者，完全控制了市场，所以企业可以通过改变产量来决定价格。垄断企业可以采取两种方式来实现利润最大化，一是通过减少产量来提高价格，二是通过增加产量来降低价格。需要注意的是，垄断企业虽然完全控制了市场，但也不能随意制定价格。这主要是由于两个方面的原因：一个原因在于，政府会对完全垄断市场的价格进行干预，防止垄断企业利用自身的垄断地位任意制定高价；另一个原因在于，决定产品价格的基本因素是市场的供给与需求，垄断企业虽然决定了市场的供给，但消费者的需求也是影响产品价格的一个重要因素，如果垄断企业定价太高，消费者的需求必然会减少，企业所获得的利润未必能够实现最大化。因此，垄断企业为了实现利润最大化，究竟采用低产高价策略，还是采用高产低价策略，必须根据产品的特性，全面考虑市场的供给与需求关系。

一般而言，如果产品是富有弹性的，那么垄断企业采取低价多销的策略就是合理的。通过适当降低价格，可以更大程度地提高销量，最终保证企业的总收益增加。

例如，一些营养补品，在受专利权保护期间是垄断的，但由于替代品较多，市场潜在需求较大，因而需求是富有弹性的。对于这类商品，垄断企业合理的价格策略就是适当降低价格，促进销售，实现薄利多销。

如果产品是缺乏弹性的，那么垄断企业就应该采取低产高价策略。虽然制定比较高的价格会减少一部分销量，但销量减少的程度较小，最终企业的总收益会增加。例如，戴尔比斯公司在经营钻石业务时，就采用了低产高价策略。由于人们对钻石的消费具有一定的特殊性，因而钻石的需求价格弹性较小，最终能够保证公司获得的总收益增加。

垄断并非完全由自己说了算，它的定价仍要受市场需求的制约。

7.3.5.2 歧视定价

在完全垄断市场上，除了单一定价策略外，还有一种定价策略即歧视定价。歧视定价是指垄断企业以不同的价格销售同一种产品，也称价格歧视。

歧视定价在其他市场上也有运用。

价格歧视可以分为一级、二级、三级价格歧视。

（1）一级价格歧视

一级价格歧视又称完全价格歧视，是指垄断企业对每一单位商品都按照消费者愿意支付的最高价格销售。例如，英国劳斯莱斯汽车公司为少数世界富豪量身定做顶级豪华跑车，其中包括美国好莱坞明星、英国足球明星贝克汉姆等人，这些富豪向汽车公司单独提出要求，也分别进行报价，最终劳斯莱斯汽车公司的每一辆跑车的售价都不相同。

在一级价格歧视下，垄断厂商对每个人消费的每个单位产品都按照其此时愿意支付的最高价格定价。回顾一下消费者剩余的定义，消费者剩余指消费者消费一定数量的某种商品所愿意支付的价格与实际价格之差。我们可知，完全垄断厂商执行一级价格歧视就会攫取所有的消费者剩余。例如，假设消费者对第一单位的某商品的支付意愿是10，对第二单位的支付意愿是8，对第三单位的支付意愿是6。若对此三单位进行统一定价，则应为6，此时消费者剩余为：10+8+6-6×3=6；而根据一级价格歧视，消费者购买此三单位商品就需要支付：10+8+6=24，消费者剩余为零，全部转化为垄断企业的超额利润。

由于一级价格歧视要求厂商精确地算出每一位消费者购买每一单位商品愿意支付的最高报价，这在现实生活中几乎不可能实现，所以现实中的一级价格歧视比较少见。

（2）二级价格歧视

假设垄断企业了解消费者的需求曲线，二级价格歧视指其可根据消费者不同的需求量制定不同的价格。在现实生活中，二级价格歧视是比较常见的。例如，许多大型超市规定，当消费者购买一定数量的产品时，会按照较高的价格交易；当消费者再购买一定数量产品时，就会按照较低的价格交易，这样可以刺激人们多购买同一商品。再如，自来水公司规定，居民家庭的基本用水量实行较低价格，超出部分实行较高价格，再超出部分实行更高价格，这种阶梯水价可以鼓励人们节约用水。

如图 7-15 所示，假设垄断企业了解消费者对某一商品的需求曲线为 d，垄断企业根据需求量的大小分别对 Q_1、Q_2、Q_3 制定相应的价格 P_1、P_2、P_3。当消费者的需求量为 Q_1 时，商品的价格为 P_1；若继续购买商品至 Q_2，则此部分增量按照价格 P_2 交易；再继续购买商品至 Q_3，则此新增量按价格 P_3 交易。这时，垄断企业获得的总收益为矩形 OP_1BQ_1、矩形 Q_1GCQ_2、矩形 Q_2FDQ_3 的面积之和，大于不实行价格歧视时的总收益，即矩形 OP_3DQ_3 的面积。实行二级价格歧视时，消费者剩余的一部分转化为垄断企业的超额利润，其大小为矩形 P_3P_1BE 与矩形 $EGCF$ 的面积之和。

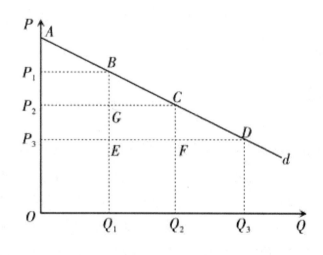

图 7-15 二级价格歧视

（3）三级价格歧视

三级价格歧视是指垄断企业对不同市场的不同消费者实行不同的价格。在现实生活中，三级价格歧视也比较常见。例如，电力部门对工业用电与居民用电实行不同的价格，工业用电的价格一般要高于居民用电的价格。

一般而言，垄断企业会在需求价格弹性较小的市场提高商品的价格，而在需求价弹性较大的市场适当降低商品价格，最终获取较大的超额利润。

7.3.6 对完全垄断市场的简要评价

许多经济学家认为，垄断对经济是不利的。首先，垄断会造成经济资源的浪费。这主要表现在，与完全竞争市场相比，垄断市场的产量较低而价格较高。其次，垄断会引起社会福利的损失。这主要表现在，垄断企业通过实行歧视价格，将消费者剩余的全部或一部分转化为自身的超额利润。

然而，一些经济学家认为，垄断对经济也有有利的方面。首先，垄断可以保证某些行业实现规模经济。例如，城市的自来水供应一般由一家公司提供，属于自然垄断，这样就可以在自来水行业实现规模经济，避免不同企业重复铺设管道所造成的资源浪费。其次，垄断企业可以利用自身的实力进行技术创新，一般而言，垄断企业大多实力雄厚，可以独立进行技术创新，推动行业的技术进步。

由此可见，关于垄断对经济的影响，应该加以全面分析，尤其要具体分析垄断所处的行业，还应分析经济发展所处的阶段。当然，由于垄断会带来效率损失，给消费者带来不利的影响，因此政府需要对垄断进行适当的管制。

7.4 垄断竞争市场

垄断竞争市场是指许多厂商生产和销售有差别的同类产品的市场结构。由于市场中存在众多的厂商，相互之间必然会出现竞争，有时竞争相当激烈；同时，由于不同厂商所生产的产品存在差别，单个厂商可以利用自身的产品差别在一定程度上对价格进行干预。这就产生了一定程度的垄断。因此，垄断竞争市场既有竞争也有垄断，是垄断与竞争相结合的市场。有时垄断程度相对强一些，有时竞争程度相对强一些。垄断竞争市场在现实生活中普遍存在，例如，服装行业就是典型的垄断竞争行业，其中存在许多生产厂商，不同厂商的产品存在差别。

7.4.1 垄断竞争市场的基本特征

垄断竞争市场的基本特征主要体现在以下四个方面：

注意：产品差别来自消费者的认知。一种产品是否有差别，取决于消费者的认知。

第一，存在产品差别。垄断竞争市场形成的一个基本条件就是存在产品差别，即不同厂商所生产的同类产品存在不同之处。产品差别不仅指同类产品在内在的质量、外观形象等客观属性上的不同，还包括消费者对不同产品的主观评价的不同。

由于存在产品差别，同类产品之间不可能完全替代，因此垄断竞争市场具有一定的垄断性。产品差别程度越大，垄断程度越高，同时，由于许多厂商都在生产同一类产品，相互之间必然存在竞争关系。产品差别程度越小，竞争程度越高。由此可见，产品差别是垄断竞争市场形成的决定性因素。

第二，厂商数量较多。垄断竞争市场中存在许多厂商，它们都生产同一类产品，相互之间具有竞争关系。单个厂商在进行决策时，不能忽视其他厂商的存在，它必须考虑到其他厂商可能采取的措施。

第三，厂商进入比较容易。由于垄断竞争市场有许多厂商，因此单个厂商对整个行业的影响就显得微不足道。同时，由于单个厂商的规模都比较小，这就导致单个厂商进入或退出垄断竞争行业相对而言比较容易。

第四，单个厂商对产品价格有一定的影响力。在垄断竞争市场中，单个厂商可以利用自身产品差别所形成的垄断性来自主定价，从而对产品价格产生一定的影响。当然，由于市场中存在许多同类厂商，相互之间竞争激烈，垄断竞争厂商的自主定价权其实是非常有限的。如果某个厂商定价过高，消费者就会选择购买其他厂商的产品作为替代，最终使其自身的总收益下降。

7.4.2 垄断竞争厂商的需求曲线

由于垄断竞争厂商可以在一定程度上控制自身产品的价格，即具有一定程度的垄断性，因此，与完全垄断厂商相似，垄断竞争厂商所面临的需求曲线也是向右下方倾斜的。不同的是，由于垄断竞争市场存在激烈的竞争，因此垄断竞争厂商所面临的需求曲线又是相对平坦（富于弹性）的，比较接近于完全竞争市场厂商的需求曲线。

垄断竞争厂商所面临的需求曲线有两条，一条是主观需求曲线，另一条是客观需求曲线。如图 7-16 所示，d 为主观需求曲线，D 为客观需求曲线。

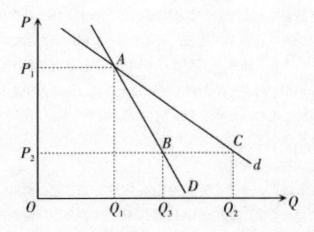

图 7-16 垄断竞争厂商的需求曲线

　　主观需求曲线表示在垄断竞争市场中某个厂商改变产品价格，而其他厂商的产品价格保持不变时，该厂商的产品销售量与价格之间关系的曲线。在图 7-16 中，假定某垄断竞争厂商开始时产品的价格为 P_1，销售量为 Q_1，即图中的 A 点。该厂商希望通过降价来增加销售量。假定该厂商主观地认为，当自己降低产品价格时其他厂商都保持价格不变，这样一方面可以通过降价刺激原来购买自己产品的消费者增加需求量，另一方面还可以在自身产品降价后吸引原来购买其他厂商产品的消费者转而购买自己的产品，最终可以大幅增加自身产品的销售量。假定该厂商将价格降为 P_2，销售量增加为 Q_2，即图中的 C 点。为了分析方便，这里假定厂商的需求曲线均为直线。那么，连接点 A 和点 C 所得到的直线 d 即为该厂商所面临的主观需求曲线。

　　客观需求曲线也称实际需求曲线，表示在垄断竞争市场中，某个厂商改变产品价格，其他厂商也使产品价格发生相同变化时，该厂商的产品销售量与价格之间关系的曲线。在图 7-16 中，假定某垄断竞争厂商开始时仍然处于点 A，该厂商仍然希望通过降价来增加销售量。与上述厂商的主观认为不同，当该厂商降价时，实际上其他厂商也会采取降价措施，而且可以假定其他厂商的降价幅度是相同的。此时，虽然该厂商通过降价可以刺激原来购买自己产品的消费者增加需求量，但是由于其他厂商也采取相同幅度的降价措施，因此，该厂商并不能吸引原来购买其他厂商产品的消费者转而购买自己的产品。所以，该厂商降价后，消费者的需求量虽然会增加，但增加的幅度要小一些。在图 7-16 中，当该厂商将价格从 P_1 降到 P_2 时，实际上消费者的需求量仅仅从 Q_1 增加到了 Q_3，即点 B。连接点 A 与点 B 所得到的直线 D 即为该厂商所面临的客观需求曲线或实际需求曲线。

基于以上分析可知，必然有 $Q_3 < Q_2$。这就意味着，客观需求曲线比主观需求曲线要陡峭一些，即客观需求曲线的弹性比较小，而主观需求曲线的弹性比较大。

7.4.3 垄断竞争厂商的短期均衡

在垄断竞争市场中，厂商仍然按照利润最大化的原则进行生产，即保证边际收益等于边际成本。我们首先来分析垄断竞争厂商短期均衡的情况，如图 7-17 所示。

在图 7-17 中，曲线 SMC 为代表性的垄断竞争厂商的短期边际成本曲线，d_1 和 MR_1 分别为该厂商初始需求曲线和边际收益曲线。假定代表性厂商初始的价格和产量分别为 p_0 和 q_0。由于此时边际收益大于边际成本，因此该厂商应该通过降价来扩大产量，从而增加利润。

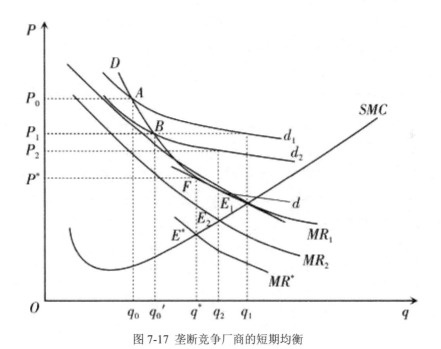

图 7-17 垄断竞争厂商的短期均衡

假定代表性厂商降价至 p_1。如果其他厂商保持价格不变，那么代表性厂商的产量会增加至 q_1，然而，其他厂商为了保持自己的市场份额也会跟着降价，从而代表性厂商的主观需求曲线和边际收益曲线会有所下降。假定分别下降到 d_2 和 MR_2，因此到降价后代表性厂商的产量只能增加到 q_0' , $q_0' < q_1$。对于代表性厂商而言，当价格和产量分别为 p_1 和 q_0' 时，仍然是边际收益大于边际成本，厂商应该继续降低价格提高产量增加利润，可以预见，只有当价格为 $p*$ 时，代表性厂商的产量为 $q*$，才能保证边际收益等于边际成本，从而实现利润最大化，达到短期均衡。

综上所述，垄断竞争厂商短期均衡的条件可以概括为边际收益等于边际成本即 $MR=MC$。与完全竞争厂商的短期均衡相似，垄断竞争厂商在实现短期均衡时，也可能会出现超额利润大于零、等于零、小于零三种不同的情况，这取决于平均收益与短期平均成本之间的相对大小。

7.4.4 垄断竞争厂商的长期均衡

与完全竞争市场类似，虽然短期内垄断竞争厂商在实现均衡时会出现超额利润大于零或小于零的情况，但长期均衡时这两种情形肯定不会出现。这是因为垄断竞争市场存在许多生产同类产品的企业，相互之间存在激烈的竞争，同时行业的进入限制也较小。如果某些厂商在短期内能够获得超额利润，那么其他厂商就会通过改进技术、扩大宣传等手段来提高市场份额，展开与这些厂商的竞争，打破它们对差别产品的垄断；如果整个行业在短期内都存在超额利润，那么行业外的厂商就会试图进入该行业，从而使整个行业的供给增加。这些变化都会使产品价格下降，致使厂商所得到的超额利润减少直至消失；反之，如果某些厂商在短期内出现亏损，那么该厂商就会减少产量；如果整个行业普遍出现亏损，那么就会有厂商退出该行业。这些变化会使产品价格上升，厂商的亏损减少直至消失。由此可见，在长期内，垄断竞争厂商既不可能获得超额利润，也不可能出现亏损，只可能获得正常利润，这就是垄断竞争厂商长期均衡的情形。垄断竞争厂商的长期均衡如图 7-18 所示：

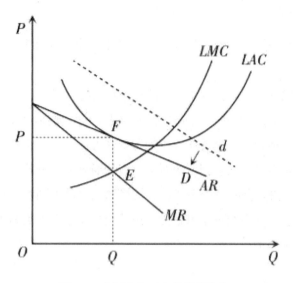

图 7-18 垄断竞争厂商的长期均衡

注意：垄断竞争市场的均衡在短期内与垄断市场相同，但在长期中不同于完全竞争市场。

想想为什么？

在图 7-18 中，代表性垄断竞争厂商的长期平均成本曲线为 LAC，长期边际成本曲线为 LMC。d 为厂商的主观需求曲线，D 为厂商的客观需求曲线即实际的需求曲线，D 同时也是厂商的平均收益曲线，MR 为厂商的边际收益曲线。根据边际收益等于边际成本的利润最大化原则，即 LMC=MR，可以确定该厂商的长期均衡点 E，均衡的产量为 Q，均衡的价格为 P，P 也同时是由 LAC 曲线确定的 Q 产量下的平均成本。因此，实现长期均衡时，厂商所得到的总收益与付出的总成本均为 P×Q，即矩形 OPFQ 的面积。由于总收益等于总成本，所以厂商所得到的超额利润为零。

综上所述，垄断竞争厂商长期均衡的条件是：MR=LMC，同时 LAC=AR；此时厂商得不到超额利润，只能获得正常利润。

7.4.5 对垄断竞争市场的简要评价

垄断竞争市场具有垄断和竞争二重性，可以通过与完全竞争市场、完全垄断市场的比较来对垄断竞争市场进行评价。

首先，从价格来看，垄断竞争市场的价格比完全竞争市场要高，比完全垄断市场要低。

其次，从产量来看，垄断竞争市场的产量比完全竞争市场要低，比完全垄断市场要高。

最后，从平均成本来看，垄断竞争厂商长期均衡时并没有能够在平均成本的最低点进行生产，因此垄断竞争市场的平均成本比完全竞争市场要高，而比完全垄断市场要低。

以上几点表明，垄断竞争市场在资源配置效率方面不如完全竞争市场，但优于完全垄断市场。同时，我们还应该看到，垄断竞争市场通过提供有差别的产品，满足了消费者多样化的需求。另外，垄断竞争市场鼓励厂商通过产品差别竞争获得成功，因而有利于行业内的技术创新。许多经济学家认为，虽然垄断竞争市场是利弊共存的，但从总体上看，应该是利大于弊的。

7.5 寡头垄断市场

寡头垄断市场是指少数几家大企业控制整个行业的产品生产和销售的市场结构。寡头垄断市场介于完全竞争市场与完全垄断市场之间，更接近完全垄断市场。在这种市场结构中，每家企业的规模都比较大，对整个行业的产量和价格都具有重要影响，可以形成一定程度的垄断；同时，行业内几家不同企业之间又存在竞争关系。

寡头垄断市场形成的主要原因是规模经济。在现实生活中，这种市场结构广泛存在于那些规模经济比较重要的行业，如汽车、钢铁、石油、民航、烟草等行业。

7.5.1 寡头垄断市场的基本特征

寡头垄断市场具有以下四个方面的基本特征：

第一，厂商数量较少。在寡头垄断市场上，厂商数量较少，可能只有两三家，少数几家厂商控制了整个市场。同时，每家厂商规模一般都很大，其产量在整个行业中所占的比例较大，因此，单个厂商的决策对市场都具有举足轻重的影响。

第二，厂商之间相互依存。由于寡头垄断市场只有少数几家大厂商，每家厂商的产量或价格变化都会对整个行业产生重要影响，也会对其他厂商产生重要影响，因此，行业内的厂商之间是相互依存的关系，每家厂商都不能仅仅考虑自身的利益，而无视其他厂商的存在，而必须考虑自身的决策对其他厂商可能带来的影响以及其他厂商可能做出的反应。

第三，产品既可能有差别，也可能无差别。产品无差别的寡头垄断市场称为纯粹寡头，如钢铁、石油等寡头行业；产品有差别的寡头垄断市场则被称为差别寡头，如汽车、烟草等寡头行业。产品差别不是构成寡头垄断市场的必要条件。

第四，进入限制比较严重。寡头垄断行业对规模经济有着比较高的要求，只有在大规模生产时，寡头垄断厂商才能取得良好的经济效益。由于规模经济的存在，进入市场需要巨额的资金投入，因此新厂商的进入限制比较严重，同时，行业内的厂商由于巨额资金占用，想要退出也是十分困难的。

7.5.2 寡头垄断厂商产量与价格的决定

在寡头垄断市场上，厂商之间存在相互依存性，这对寡头垄断市场的均衡会产生十分重要的影响。首先，在寡头垄断市场上，单个厂商的产量和价格是不确定的。这是因为，单个厂商在进行产量和决策时，不仅要考虑自身的成本与收益情况，而且要考虑其他厂商可能做出的反应，而其他厂商可能的反应是不确定的。同时，出于竞争的考虑，每个厂商都不会将自身的决策信息公开化，从而使单个厂商的决策更加难以捉摸。其次，在寡头垄断市场上，寡头之间可能会形成某种形式的勾结以牟取最大化利润。当然，寡头之间的勾结并不牢固。相互之间必然会出现激烈的竞争。因此，寡头之间既有竞争，也可能有勾结，是一种复杂的关系。这就增加了单个厂商确定产量和价格的难度。总之，寡头垄断产生产量与价格的决定是不确定的，需要区别不同情况进行具体的分析，现代经济学常用博弈论来分析寡头垄断市场参与者的行为。

任务 8 市场失灵与政府失灵

8.1 市场失灵概述

8.1.1 市场失灵的含义

市场是组织市场的有效方式，它能够有效地配置资源。在完全竞争条件下，价格机制这只"看不见的手"的作用可以实现对产品交换和生产要素分配的有效配置。但是，从社会福利角度来看，价格机制并不是万能的，它不可能调节人们经济生活的所有领域。对于价格机制在某些领域不能起作用或不能起有效作用的情况，称为市场失灵，即仅依靠价格调节并不能实现资源配置最优。

世界上没有任何一种制度是十全十美的，应从这个角度去理解市场失灵。

8.1.2 市场失灵的原因

价格机制能够正常运作主要基于两个假定：一是完全竞争假定，二是无外部性假定。如果现实经济不能满足这两个假设条件，就可能导致市场失灵的发生。因此，可以把市场失灵的原因归纳为以下三个方面：

8.1.2.1 由市场的不完全竞争而导致的市场失灵

市场的不完全竞争形态有垄断竞争、寡头以及完全垄断三种，其中对经济效率影响最大的是完全垄断。完全垄断厂商为了获取最大利润，会利用其垄断地位限制产品产量，其结果是市场价格超过其边际成本，从而导致经济效率降低和社会福利水平下降。形成垄断的原因可分为两类，即自然垄断与人为垄断。对于人为垄断，政府可以制定法律规章，比如制定反垄断法或反不正当竞争法来加以限制。但对于自然垄断，情况则比较复杂，需要政府采取合适的策略加以调节，将在下一节中予以详细说明。

8.1.2.2 由市场中存在外部性而导致的市场失灵

迄今为止，在探讨微观经济问题时，一般都假定单个经济主体的经济行为对社会上其他人的福利水平不会产生任何影响，即不存在外部性问题。但是，在现实经济中这个假定往往不能成立。在一些情况下，个人的经济活动要么会给其他人带来好处，比如你在庭院里种植花草会给邻居带来清新空气和沁人心脾的花香；要么会给别人带来损害，比如你在室内装修时产生的噪声会影响邻居休息。这些由个人的经济行为对其他人产生或好或坏的影响的现象称为外部性。外部性的存在就会导致人们的经济活动所产生的私人利益或私人成本、社会利益与社会成本不一致，继而引起经济效率下降。

8.1.2.3 由公共物品而导致的市场失灵

在现实生活中，大部分物品是私人物品，即由私人消费的物品。它们具有消费的排他性和竞争性，这决定了消费者只有通过市场交易才能进行消费。但是，经济生活中还存在另一类物品——公共物品。公共物品是集体消费的物品，如路灯、火警报警器等。它们的消费具有非排他性和非竞争性。非排他性是指所有者不能很容易地排除其他人消费某种物品，非竞争性是指一个人消费某种物品不会减少其他人的消费，消费者之间并不存在竞争。公共物品的性质决定了消费者不用购买仍然可以消费；这样，公共物品就没有交易，没有市场价格，生产者不愿生产。市场在公共物品的供给方面是不起作用的，存在市场失灵。

8.2 自然垄断

8.2.1 自然垄断的含义及其对经济效率的影响

由于存在规模经济，当一个企业能够比两个或更多企业以更低的单位成本为整个市场提供产品时，这个行业就存在自然垄断，对于自然垄断行业，如果政府袖手旁观，任其自然发展，这样的行业就会自然地趋向完全垄断。下面以某城市自来水公司为例来说明自然垄断的情况。

一个城市的自来水供应属于公用事业，一般由一个自来水公司来经营。由于自来水的供应和日常维护对象千家万户，管道必须铺设到每家每户，在低产出水平时每单位自来水成本（LAC）将会非常高。但是，当自来水系统建立后，其日常生产仅涉及有关管理和维护人员的劳动报酬及水这种（广泛存在的）自然资源，新增一单位自来水的生产将会变得非常便宜。原先建立的自来水处理设备和铺设的管道所花费的成本可以在越来越多的自来水产出上进行分摊，自来水的长期平均成本 *LAC* 将一直随着产出的增加而下降，如图 8-1 所示：

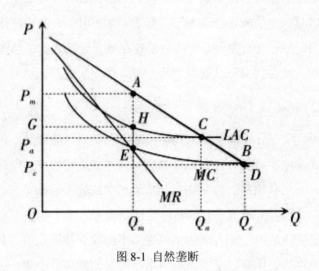

图 8-1 自然垄断

在图 8-1 中，横轴表示自来水公司的产量 *Q*，纵轴表示自来水的价格 *P*。*LAC* 和 *MC* 分别表示自来水公司的长期平均成本曲线和边际成本曲线，而自来水的市场需求曲线为 *D*，相应的边际收益曲线为 *MR*。

根据利润最大化的要求（*MR=MC*），自来水公司的垄断产量为 Q_c，垄断价格为 P_c。此时，市场处于垄断者所面对的需求曲线上的 *A* 点，企业的总利润由长方形 P_mAHG 的面积表示。

但是，就整个社会福利而言，*A* 点代表低效率的产出水平，因为消费者支付的自来水价格高于自来水生产的边际成本。如果扩大产量，经济福利将会增加，所增加产量的边际价值大于边际成本。实际上，图 8-1 中有效率的产出水平为 Q_c。此时，边际成本与需求曲线相交。一旦产出上升到该水平，生产每单位自来水对消费者的价值下降为 P_c，正好等于公司生产它的边际成本，此时达到生产的有效率状态。

然而，对于一个不受管制的自然垄断者来说，要达到生产的有效率状态是不容易的。由于自然垄断者的平均成本曲线单调递减，边际成本总是低于平均成本。这样，自然垄断者按照价格等于边际成本进行经营就会导致其经济损失。显然，私人自来水公司是不可能亏损地经营下去的。

现实中一种可能的选择是价格歧视，比如，自来水公司可以采取两部分定价法，即首先向其客户收取固定的自来水使用月租费，然后对客户按边际成本决定的价格收取每吨水的费用。这样可以实现生产的有效率供应 Q_c。但是，作为一项公用事业，自来水公司并不总能对自来水客户实行价格歧视。因此，对于自然垄断行业来说，市场不可能提供一个有效率的产出水平，亦即存在市场失灵。

8.2.2 政府为纠正市场失灵所采取的措施

政府对垄断的干预措施多种多样，比如制定严厉的反垄断法规、对垄断企业进行拆分、对具有公共事业性质的自然垄断行业进行直接管制等。相比较而言，这些措施中比较有建设性的措施就是政府对垄断企业的管制，下面对其进行重点分析。

在自然垄断的情况下，管制者可以制定价格，以此实现经济效率。比如，在上述自来水公司的例子中，管制者把有效率的自来水生产数量定为 Q_c（Q_c 恰好也是消费者愿意购买的数量），价格为 P_c，从而克服非效率的情况。

但是，政府对自然垄断的管制实际操作起来较为困难。

首先，存在信息不对称的问题。管制者必须能够描绘出企业的边际成本曲线和市场需求曲线。要完成这件事情非常困难，特别是垄断者为了获得高价，会有意夸大成本。

其次，即使政府关于垄断者成本和市场需求曲线的信息非常充分，管制者仍旧面临一个严重问题。如果他们设定的有效率的价格为 P_c，那么买方需求的有效率的数量为 Q_c，而企业的单位成本高于 P_c，企业将会存在亏损。再看图 8-1，会发现边际成本曲线 MC 总是低于长期平均成本 LAC，定价为 P_c 将使自然垄断者退出该行业。

该问题迫使管制者采取另外两个备选方案。第一，它可以设定价格等于边际成本（即例子中的 P_c），并从总预算中资助垄断者，弥补其损失。这要求纳税人整体——而不仅仅是垄断者的顾客——帮助支付这种产品的价格。

实际上，管制者通常选择另一种方法，即制定一个价格，使得供应者能够得到"公平收益率"以收回其投入垄断行业的资金。如果制定的价格等于平均成本，就可抵补所有的经营成本，包括供应者的公平收益率。该定价策略被称为平均成本定价，是自然垄断管制者最常用的方法。总的来说，用平均成本定价时，管理者设定价格等于单位平均成本，即 LAC 曲线与需求曲线相交处的价格（C 点）。在此价格下，自然垄断者的经济利润为零，供应者获得了提供商品或服务的公平收益率，垄断者将继续留在该行业。

平均成本定价并非完美的解决方法。它不能彻底使市场有效率，如图 8-1 所示，平均成本定价仅生产了 Q_a 单位的产量，而不是有效率的 Q_c 单位的产量。但是，与无管制相比，平均成本定价降低了消费者的消费价格，促使他们购买更多的产品，更接近有效率的水平。

平均成本定价的另一个问题是它不提供或很少提供自然垄断者节约资本的刺激。也就是说，垄断会越来越大——通过发行股票及购买机械和资本吸引越来越多的供应者，并且垄断者确信管制者总会调整价格以保证正常利润。这种管制自然垄断的方式可能导致资本过度投资。

8.3 外部性

8.3.1 外部性的含义及其种类

8.3.1.1 外部性的含义

外部性是指单个经济主体在从事经济活动时给其他人带来某种利益或者危害，而该行为主体又没有为此而得到报酬或进行补偿的现象。

一般来说，当某个人的私人行为对其他人产生影响的时候，就会出现外部性问题。进一步看，这种影响有好有坏。当一个人的私人行为给其他人带来利益，产生好的影响的时候，就说这种外部性为正外部性，又称为外部经济。当一个人的私人行为给其他人带来损害，即产生坏的影响的时候，就说这种外部性为负外部性，又称为外部不经济。

8.3.1.2 外部性的分类

外部影响可以分为以下几种情况：

（1）生产的外部经济

当一个生产者采取的经济行动对他人产生了有利的影响，而自己却不能从中得到报酬时，便产生了生产的外部经济。例如，一个企业对其所雇用的工人进行培训，而这些工人之后可能转到其他单位去工作。该企业并不能从其他单位索回培训费用或得到其他形式的补偿。

（2）消费的外部经济

当一个消费者采取的行动对他人产生了有利的影响，而自己却不能从中得到补偿时，便产生了消费的外部经济。例如，当某个人给自己的住宅周围种花植树，清新宜人的环境使他的隔壁邻居从中得到了不用支付报酬的好处。

（3）生产的外部不经济

当一个生产者采取的行动使他人付出了代价而又未给他人以补偿时，便产生了生产的外部不经济。例如，一个企业可能因为排放脏水而污染了河流，或者因为排放烟尘而污染了空气。这种行为使附近的人们和整个社会都遭到损失。

（4）消费的外部不经济

当一个消费者采取的行动使他人付出了代价而又未给他人以补偿时，便产生了消费的外部不经济。例如，吸烟者的行为危害了被动吸烟者的身体健康，但并未对被动吸烟者予以补偿。

为什么外部影响会导致资源配置的失当？当外部经济对外带来的好处无法得到回报则具有外部经济的物品供应不足，从而使得物品消费或生产的收益小于应当得到的收益（社会收益），即物品消费或生产成本大于应当支付成本（社会成本）。例如教育和新技术。相反，外部不经济对外带来的危害无法进行补偿则具有外部不经济的物品供应过多，从而使得物品消费或生产收益大于应当得到的收益（社会收益），即物品消费或生产成本小于应当支付的成本（社会成本）。例如乱扔或乱倒垃圾。

注意：私人利益与社会利益、私人成本与社会成本的区别。

8.3.2 外部性对资源配置的影响

在不存在外部性的完全竞争条件下，市场配置资源能够达到最优。然而，在存在外部效应的情况下，经济行为人对自己造成的外部影响既不用承担成本，也不能获得收益，这会导致整个社会的资源配置达不到最优状态。

我们举一个负外部效应的例子。假定某一化工厂从事生产活动，每生产一袋化学试剂，化工厂消耗的边际生产成本为 200 元。每生产一袋化学试剂所排放的废气和污水将给周边环境造成损害，并使得处于下游的养鱼场产量减少。经过测量，环境损害和养鱼场产量减少的价值损失共计 100 元。我们把由化工厂消耗的生产成本称为私人成本，把环境损害和养鱼场产量减少的价值损失称为外部成本。私人成本与外部成本之和才是社会承担的总成本，我们称为社会成本。

在完全竞争的市场里，化工厂以自身利润最大化为目标。那么，化工厂将按照边际成本等于边际收益的规律从事生产活动。假如一袋化学试剂的市场价格为 200 元，自私的化工厂将维持现有产量，牟取利润最大化。因为对它而言，200 元就是生产一袋化学试剂的边际成本。但是生产一袋化学试剂的真正社会成本是私人成本和外部成本的总和，即300元（社会边际成本=私人边际成本+外部边际成本，即200+100=300）。对整个社会而言，300元的边际成本已经远大于200元的边际收益，化学试剂被过度生产，资源配置的最优状态没有实现。

为了直观地理解这一点，我们用图解来说明。在图8-2中，D 或 MR 代表完全竞争市场中化工厂的需求曲线或边际收益曲线，MC 代表厂商的私人边际成本，MSC 代表社会边际成本。当存在负外部效应时，私人边际成本低于社会边际成本，因而 MC 位于 MSC 的右下方。

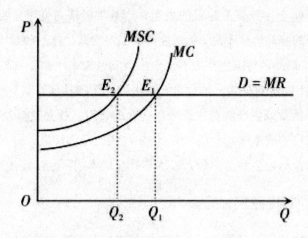

图 8-2 生产的负外部效应与资源配置

化工厂的均衡产量应该是私人边际成本曲线 MC 与边际收益曲线 MR 的交点 E_1 所表示的产量 Q_1，但如果化工厂要支付全部社会成本，那么均衡点将是社会边际成本曲线 MSC 与边际收益曲线 MR 的交点 E_2，相应的均衡产量为 Q_2。由此可见，如果化工厂不用承担全部社会成本（比如没有承担污染处理费用这项外部边际成本），那么该厂商提供的产品将比应有的供给多，$Q_1 > Q_2$，结果造成该产品生产规模过大，成本大于收益，造成资源配置的低效率。

同理可以分析正外部性的情形。一般而言，在存在正外部性的情况下，私人活动的水平常常低于社会所要求的最优水平。有一观点认为（最早由美国经济学家罗伯特·巴罗于1970年提出），传统上被认为是准公共物品的教育，可以被看作公共物品。因为个人受教育程度的提高不但对自身有利，还有利于社会的和谐稳定。如果没有义务教育、高等教育补贴等促进教育事业发展的政策，教育的成本可能大于收益，教育的供给就会不足。

8.3.3 政府为纠正外部性导致市场失灵所采取的措施

外部性导致资源配置的低效率，造成市场失灵，因此，需要政府用"看得见的手"进行干预。经济学家提出了政府解决外部性的四种政策干预方法。

第一，政府直接管制。在完全竞争条件下环境污染严重，外部性的核心问题是污染者无须支付其污染的外部成本，因而缺乏将其污染量控制在社会最优污染控制水平上的内在动力。政府直接管制的手段之一，就是硬性规定法定最高污染排放标准，任何部门、企业和个人都必须将其污染量控制在这一法定水平内。政府对污染企业采取行政审批制度，在行政区域内，控制污染企业的数量。政府采用法律手段控制环境污染，制定环境保护法律法规。如我国环境保护法规要求污染企业执行"三同时"制度——新建、改建、扩建项目和技术改造项目以及区域性开发建设项目的污染治理设施必须与主体工程同时设计、同时施工、同时投产的制度。

第二，庇古方法。庇古是旧福利经济学的创始人，按照他的观点，应该对造成外部性的经济行为人征"税"。具体来说，对造成外部不经济或负外部性的个人或企业征税，但其数额应该等于该个人或企业给社会其他成员造成的损失，从而使得私人成本恰好等于社会成本。如对污染企业征收污染治理费等政策。另外，应对造成外部经济或正外部性的个人或企业给予津贴，使得私人收益与社会收益相等。总之，通过征税使得私人成本（收益）等于社会成本（收益），就能保证资源配置达到最优，这种征税叫作"庇古税"。

第三，外部效应"内部化"方法。该方法主要提倡受关联影响的企业进行合并。假如一个企业的生产影响到了另外一个企业，如果这种影响是正外部性，那么第一个企业的生产就会不足；反之，如果这种影响是负外部性，则第一个企业的生产就会过度。但是，如果将这两个企业合并，此时外部效应所产生的影响就被"内部化"了。因为合并后的单个企业，为了使自己的整体利润最大化，会把原来的外部效应的影响计算在成本与收益之中，从而资源配置达到帕累托最优状态。

第四，产权方法，又称科斯方法。按照这一方法，如果政府能够明确界定产权，那么许多外部影响可能不会发生或者会受到一定程度的限制。

8.4 公共物品

8.4.1 公共物品的含义与特点

私人物品是由个人消费的物品,具有消费的排他性和竞争性。排他性指一旦一个人拥有了某种物品,就很容易地不让别人消费。例如,你买了一部手机,那么其他人就不能使用同一部手机。竞争性指一个人消费了一定量的某种物品,就要减少别人的消费量。市场上的物品是有限的,一个人多消费了,另一些人就要少消费。由谁消费,要由消费者竞争。这两种特性决定了每个人只有通过交易才能消费私人物品,由市场价格调节供求平衡。这就是市场机制配置资源的有效性。

公共物品是集体消费的物品,具有消费的非排他性和非竞争性。非排他性指不能轻而易举地排斥某人消费某种物品。例如,你无法排除其他人也利用路灯照亮。非竞争性指一个人消费某种物品不会减少其他人的消费,消费者之间并不存在竞争。例如,多一个人或少一个人利用路灯,并不会减少每个人从路灯中得到的好处。路灯、国防等均属于公共物品。

8.4.1.1 消费的非竞争性

公共物品或劳务在消费时,不排斥、不妨碍其他人同时享用,也不会因此而减少其他人享用该种公共物品或劳务的数量与质量,且受益对象或消费者之间不存在利益冲突。相比之下,私人产品或劳务则具有消费的竞争性的特性,它排斥、妨碍其他人同时享用,会减少其他人享用该种产品或劳务的数量与质量。如不拥挤的道路与面包,不拥挤的道路,在其容量范围内,即使行人增加,通常也不会影响别人通行的便利,其消费是非竞争性的。而面包在某一个消费者花钱购买了之后,他就排除了其他人享用它的可能性,他同时也减少了其他人在市场上可消费面包的数量,其消费具有竞争性。

8.4.1.2 受益的非排他性

公共物品或劳务在消费过程中所产生的利益为大家所共享,而非私人专用。要将一些人排斥在受益范围之外,要么技术上不可行,要么成本太高。相比之下,私人产品或劳务则具有受益的排他性的特性,私人产品的所有者是唯一拥有享受该产品决定权的人,其排除他人享受不仅在技术上可行,而且在经济上也是可行的。例如,国防与私人汽车,强大的国防系统既保护了公民甲的安全,同时也保护了公民乙的安全,一旦国防安全建成后，不可能阻止，或者阻止其他人享受国防服务的成本非常高，即国防是非排他性的公共物品。而私人汽车由于车主可依据产权依法独享它，无论是从技术上还是经济上，他都可以轻易阻止或排除他人未经许可随便享受它。

公共物品的非排他性和非竞争性决定了人们不用购买仍然可以消费，即"搭便车"。消费者不必花钱购买公共物品（例如你不必为使用路灯而花钱），因此，公共物品就没有交易、没有市场价格，如果仅仅依靠市场调节，生产者不愿意生产，或生产远远不足。但公共物品是一个社会发展必不可少的，其供小于求是资源配置失误（市场失灵）。因此，公共部门和公共物品的生产和经营需要政府按照社会的需要适当进行直接的调节和管理。

8.4.2 公共物品供给不足问题的解决

经济中的纯公共物品，例如国防、基础教育、市政建设、社会保障等要由政府来提供。政府向公民征税，并以此作为提供这些公共物品的资金。提供这些公共物品是政府在市场经济中的基本职能之一。政府可以根据支付能力论与受益论向这些公共物品征税。支付能力论是根据收入多少征税，收入高者多交，收入少者少交。受益论是根据从公共物品中得到的好处的大小纳税，受益大者多交，受益少者少交。无论根据哪种理论，收入高的人多交税都是应该的。因为收入高的人不仅纳税能力强，而且从公共物品中受益也大，例如，国防给资产 100 万元的人所带来的好处，远远多于给资产 1 万元的人，因此，资产 100 万元的人所纳的税当然要多于资产 1 万元的人。

有些公共物品可以变为私人物品，通过市场方式提供，这时政府就要把这种物品的供给交给市场。例如，许多人认为公共交通是公共物品，实际公共交通可以通过收费来实现排他性和竞争性。因此，公共交通可由私人企业提供，而且由私人提供公共交通比政府提供的效率高得多。美国纽约市的公共交通有一段时间由市政府经营，结果价格高，运行成本高，要政府补贴，服务还不好。以后把公共交通交给私人经营，价格下降了，成本下降了，私人企业有赢利，政府减少了财政支出，服务也好了。在这些公共物品上，政府所做的事就是通过拍卖把这些事业的经营权转让给私人企业，让他们按市场原则去经营。

8.5 政府的职能及其限制

8.5.1 市场经济资源配置

市场经济是人类迄今为止所发现的较为有效地配置资源的形式，无论是国际市场竞争还是国内市场竞争，都会给企业和生产技术带来强烈的激励因素，从而摆脱技术创新、技术变革的羁绊。与此同时，我们也应当认识到市场经济并不是完美的，可能存在市场失灵。

市场的有效性是指通过竞争使市场资源均衡配置，达到经济效率最优状态的能力。具体来讲，市场有效性须具备以下条件：完全和对称信息；完全竞争；规模报酬不变；生产和消费没有外部经济；不存在交易费用；经济人完全理性。

8.5.2 政府失灵

市场失灵为政府干预提供了基本依据，但是，政府干预也非万能，同样存在政府失灵，即政府干预经济不当，未能有效克服市场失灵，却阻碍和限制了市场功能的正常发挥，从而导致经济关系扭曲，市场缺陷和混乱加重，以致社会资源最优配置难以实现。具体来说，政府失灵表现为以下几种情形：其一，政府干预经济活动达不到预期目标；其二，政府干预虽达到了预期目标但成本高昂；其三，干预活动达到预期目标且效率较高，但引发了负效应。政府失灵的成因很多，主要有以下几个方面：

8.5.2.1 投票问题

投票问题是指，即使在民主投票规则下，也难以得到社会的偏好。常用的投票规则有一致同意规则和多数同意规则。一致同意规则要求决策得到全体同意，决策的结果可以保证帕累托最优结果。因为只要有一个人的利益受到损害，他就不会同意这个决策。所有人一致同意的决策，必定对所有人来说都是一个帕累托改进，但是全体同意规则往往导致旷日持久的讨论，迟迟无法做出决策。多数同意规则却可能伤害少数人的利益，无法保证帕累托最优结果；更严重的是，多数同意规则只能表达赞成与否，无法表达偏好的强度，多数人可能会为得到较小的利益而强迫少数人做出极大的牺牲。

8.5.2.2 利益集团

利益集团又称压力集团，通常是指那些有某种共同的目标并试图对公共政策施加影响的有组织的团体。在许多情况下，政府政策就是在许多强大的利益集团的相互作用下做出的。这些利益集团通过竞选捐款、政治游说、直接贿赂等手段，对政治家产生影响，左右政府的议案和选民的投票行为，从而使政府做出实际上不利于公众的决策。

8.5.2.3 寻租

寻租是指通过游说政府等活动获得某种垄断权或特许权，以赚取超额利润的行为。比如政府依照法律颁发配额、执照、特许经营证等特许权给企业，企业为获得这些特许权愿意支付一定的代价。在这种制度安排下，政府人为地制造出了一种稀缺，而稀缺会产生潜在的租金，必然会导致寻租行为。寻租不但低效，而且会滋长公职人员的腐败现象。寻租行为越多，社会资源浪费越大。

8.5.2.4 官僚主义

官僚主义是政府效率低下的另一个原因。官僚主义表现为领导者高高在上，脱离群众，脱离实际；公职人员办事拖沓，讲求官样文章，繁文缛节；各个官僚机构之间或相互扯皮、争权夺利，或相互推诿、玩"踢皮球"游戏。对此有一种小政府主义学说，认为政府具有潜在的扩张趋势，趋向于机构臃肿、人浮于事，需要对政府规模加以限制。小政府主义提倡"小政府，大社会"的模式，从而提高整个社会的效率。

通常认为，解决政府失灵问题的手段有实行法治、公众参与、加强政治透明度等。公共决策是一种特殊的决策类型，其特殊性就在于它具有决策和公共性的双重特征。公共决策的基本属性要求决策者在决策过程中必须具有"公事公办"的思维方式，努力塑造公共决策的职业意识和职业道德观念。在公共决策中引入"协商民主"具有十分积极的意义，如弥补决策过程中"有限理性"，帮助政府最大限度地捕捉决策所需的信息，满足公民参与决策权和知情权，增强决策过程透明度和公开化等等。

项目4 宏观经济学

任务9 宏观经济学概论

9.1 国内生产总值及核算方法

一个国家的宏观经济发展如何，经济学家用多种宏观经济指标进行描述。我国目前采用国际通用的国民收入核算体系包括的五个总量：国内生产总值（Gross Domestic Product，GDP）、国内生产净值（Net Domestic Product，NDP）、国民收入（National Income，NI）、个人收入（Personal Income，PI）、个人可支配收入（Disposable Personal Income，DPI）。在这些指标中，最重要的指标是国内生产总值。国内生产总值是一个重要的综合性统计指标，也是我国新国民经济核算体系中的核心指标，它反映了一国（或地区）的经济实力和市场规模。

国民收入核算体系由五个指标构成，核心指标是 GDP。

9.1.1 国内生产总值的含义

国内生产总值是指按市场价格计算的一国（或地区）所有常驻单位在一定时期内生产活动的最终成果（包括产品和劳务），常被公认为衡量一个国家经济状况的最佳指标。理解国内生产总值应该从以下几层含义入手：

第一，国内生产总值指一国（或地区）在其领土范围内所生产的最终产品。这里的国内强调是领土含义，因此，国内生产总值既包括本国企业在本土范围内所生产的最终产品，也包括外商投资企业在本国领土范围内所生产的最终产品。

第二，国内生产总值是一定时期内生产的最终产品。这一概念具有时间因素，因此，在计算时不应包括以前所生产的产品。例如，某企业去年生产的产品没有销售变成了存货，而在今年销售出去了，就不能包括在今年的国内生产总值中，而应该计入去年的国内生产总值。

第三，国内生产总值是用最终产品和服务来计量的，即最终产品和服务在该时期最终到达消费者手中的市场价值。最终产品是指在一定时期内生产的可供人们直接消费或者使用的物品和服务。这部分产品已经到达生产的最后阶段，不能再作为原料或半成品投入到其他产品和劳务的生产过程中去。如日用消费品，一般在最终消费品市场上进行销售，居民购买后用于消费。

第四，国内生产总值是一个市场价值的概念。各种最终产品的市场价值是在市场上达成交换的价值，都是用货币加以衡量并通过市场交换体现出来的。因为商品种类太多，吨、个、件、台等单位没法加总，所以用该年度的货币单位来统计并加总。

第五，国内生产总值是计算期内生产的最终产品价值，是将该时期内所有常驻单位的增加值累计而得。

例 1：用表 9-1 所示来说明国内生产总值的应用。

在表 9-1 中，衣服是最终产品，其价值为 400 元，国内生产总值是增加值的总和，那么计算出衣服的增加值就是 400 元。

表 9-1 增加值（国内生产总值）的计算

生产过程	产品价格（元）	产品成本（元）	增加值（元）
棉花	100	—	100
棉纱	150	100	50
棉布	220	150	70
衣服	400	220	180
合计	870	47	400

9.1.2 国内生产总值的计算

在实际核算中，按照国内生产总值的三种表现形态分为三种计算方法，即生产法、收入法和支出法。三种方法分别从不同的方面反映国内生产总值及其构成。从理论上讲，三种计算方法所得到的结果应该是一致的。但在实践中，由于受资料来源、口径范围、计算方法等因素的影响，这三种方法的计算结果往往存在差异，即存在统计误差。

国内生产总值应该从价值形态、收入形态和产品形态三个方面理解。

9.1.2.1 生产法

生产法是从生产的角度衡量常驻单位在核算期内新创造价值的一种方法，即从国民经济各个部门在核算期内生产的总产品价值中，扣除生产过程中投入的中间产品价值，得到增加值。这种计算方法反映了国内生产总值的来源。

核算公式为：

各部门增加值=总产出－中间投入

按生产法核算国内生产总值，可以分为下列部门：农林渔业；矿业；建筑业；制造业；运输业；邮电和公用事业；电、煤气、自来水业；批发、零售商业；金融、保险、不动产；服务业；政府服务和政府企业等部门，把以上部门生产的国内生产总值加总，再与国外要素净收入相加，考虑统计误差项，即可得到用生产法计算的国内生产总值。

9.1.2.2 收入法

收入法核算 GDP，就是从收入的角度，把生产要素在生产中所得到的各种收入相加来计算的国内生产总值。即把劳动者所得到的工资、土地所有者得到的地租、资本所得到的利息以及企业家得到的利润相加来计算国内生产总值。

核算公式为：

国内生产总值=工资+利息+利润+租金+间接税和企业转移支付+折旧

9.1.2.3 支出法

支出法就是从产品的使用出发，把一年内购买的各项最终产品的支出加总而计算最终产品的市场价值。从支出法来看，国内生产总值包括一个国家（或地区）所有常驻单位在一定时期内用于最终消费、资本形成总额，以及货物和服务的净出口总额，它反映本期生产的国内生产总值的使用及构成。

在现实生活中，产品和劳务的最后使用，主要是居民消费、企业投资、政府购买和出口。因此，用支出法核算国内生产总值，就是核算一个国家或地区在一定时期内居民消费、企业投资、政府购买和净出口这几方面支出的总和。

核算公式为：

国内生产总值=总消费+总投资+货物和服务净出口

=（居民消费+政府消费）+（固定资本形成总额+存货增加）

+（货物和服务出口—货物和服务进口）

$=C+I+G+（X-M）$

其中：C——居民消费

I——企业投资

G——政府购买

X——出口

M——进口

例 2：分别采用生产法、收入法、支出法计算国内生产总值，如表 9-2 所示：

表 9-2 国内生产总值计算　　　　　　　　　　计量单位：亿元

生产	金额	使用	金额
一、总产出	61 200	一、总支出	61 200
二、中间投入	37 180	二、中间消耗	371 800
三、国内生产总值		三、国内生产总值	
1.固定资产折旧	16 200	1.总消费	15 170
2.工资	14 200	2.总投资	8 550
3.税金	3 950	3.出口	4 700
4.利润	4 250	4.进口	4 400

1.生产法：GDP=总产出—中间消耗=61200—37180=24020（亿元）

2.收入法：GDP=折旧+工资+税金+利润

=16200+14200+3950+4250=24020（亿元）

3.支出法：GDP=总消费+总投资+净出口

=15170+8550+（4700-4400）=24020（亿元）

在实际统计中，一般以国民经济核算体系的支出法为基本方法，即以支出法所计算出的国内生产总值为标准。

9.2 其他宏观经济指标

9.2.1 国民收入核算体系

在国民收入核算体系中，除了国内生产总值外，还有四个重要的统计指标。包括国内生产净值、国民收入、个人收入、个人可支配收入，这五个总量指标之间存在一定的关系。

9.2.1.1 国内生产净值（NDP）

国内生产净值是一个国家（或地区）所有常驻单位在一定时期（通常为1年）内运用生产要素净生产的全部最终产品（包括物品和劳务）的市场价值。在实物形态上，它是社会总产品扣除已消耗的生产资料后的全部消费资料和用于扩大再生产以及增加后备的那部分生产资料。在价值形态上，它等于国内生产总值（GDP）减去折旧。

国内生产净值=国内生产总值－折旧

9.2.1.2 国民收入（NI）

国民收入是指一个国家一年内用于生产的各种生产要素所得到的全部收入，包括工资、利润、利息和地租的总和。

9.2.1.3 个人收入（PI）

个人收入是指一国之内所有个人在一年内从各种来源所得到的收入的总和，包括工资、租金收入、股利股息及社会福利等所取得的收入。该指标是预测个人的消费能力、未来消费者的购买动向及评估经济情况好坏的一个有效的指标。

个人收入中的个人所得税、社会保险及非税支付是不归个人自由消费的，需要扣除。

9.2.1.4 个人可支配收入（DPI）

个人可支配收入是指一个国家一年内个人可以支配的全部收入。个人可支配收入等于个人收入扣除向政府缴纳的所得税、遗产税和赠与税、不动产税、人头税、汽车使用税以及交给政府的非商业性费用等（统称非税支付）以后的余额。通俗地讲，它可以包括：各种形式的薪资、奖金、补贴、存款利息、股票债权的投资收益、租金收入等，以及独生子女补贴、少数民族补贴、低保、帮困补贴、失业救助金等，然后减去个人缴纳的个人所得税，以及法定的失业、医疗等保险基金。个人可支配收入被认为是影响消费开支的最重要的决定性因素，因而常被用来衡量一国居民生活水平的变化情况。

9.2.2 国民收入核算体系五个总量指标的相互关系

根据上述五个总量指标的定义，可以将国民收入核算中五个总量之间的关系概括如下：

9.2.2.1 国民生产总值与国内生产总值的关系

可用下列公式表示：

国民生产总值=国内生产总值+国外要素净收入

=国内生产总值+本国公民投在国外的资本和劳务收入

－外国公民投在本国的资本和劳务收入

国民生产总值与国内生产总值在核算范围上不同。国民生产总值依据国民原则进行核算，国内生产总值依据国土原则进行核算。

例 3：2020 年的国内生产总值为 401 202 亿元，国外要素净收入为 2 058 亿元，问当年国民生产总值为多少？

2020 年国民生产总值=国内生产总值+国外要素净收入

=401202+2058=403260（亿元）

9.2.2.2 国内生产净值与国民收入的关系

国内生产净值不同于国内生产总值，它反映的是社会经济在当年扣除了消耗的折旧之后的国民经济活动水平，同时也影响当年新创造出来的财富的计算。

国内生产净值的计算公式为：

国内生产净值=国内生产总值－折旧

例 4：2020 年国内生产总值为 129 822.21 亿元，折旧为 20 511.9 亿元，当年国内生产净值为多少？

2020 年国内生产净值=当年国内生产总值-折旧

=129822.21-20511.9

=109310.31（亿元）

国民收入是指一个国家在一定时期生产中所使用的各种生产要素所得到的全部收入，即工资、利息、租金与利润之和。国民收入直接体现了各项生产要素的收入，国民收入是依据国民原则进行统计的。因此，如果从国内生产总值统计国民收入时，必须进行调整。国民收入的计算公式为：

国民收入=国民生产净值－间接税

=国内生产净值－间接税+国外要素净收入

例5：2020年国内生产净值为109 310.31亿元，间接税为18 533.36亿元，国外要素净收入为-648.8亿元，当年国民收入为多少？

2020年国民收入=国内生产净值-间接税+国外要素收入

=109310.31－18533.36+（-648.8）

=90128.15（亿元）

9.2.2.3 个人收入与个人可支配收入的关系

个人可支配收入=个人收入－个人纳税+政府转移支付

或：个人可支配收入=个人消费+个人储蓄

9.2.2.4 国民收入与个人收入的关系

个人收入=国民收入－公司利润－社会保险（费）税+股息

+政府给个人转移支付和利息支出+红利收入

可以看出，这五个总量之间的关系是：从国内生产总值中减去折旧就可以得出国内生产净值；从国内生产净值中减去间接税就可以得出国民收入；在国民收入中减去公司未分配利润和企业所得税，加上政府给居民户的转移支付，加上政府向居民支付的利息就是个人收入；从个人收入中减去个人所缴纳的税收（如所得税、财产税等）就是个人可支配收入。

9.2.3 名义GDP和实际GDP

名义GDP是指以现行市场价格计算的既定时期国内总产品和服务的价格总和。由于相同产品的价格在不同的年份是有所不同的，因此，如果仅用名义GDP就无法对国民收入进行历史的比较。为了使一个国家或地区不同年份的GDP具有可比性，就需要以某一年的价格水平为基准（基期价格），各年的GDP都按照这一价格水平来计算。这个特定的年份就是基年，基年的价格水平就是所谓的不变价格，按基年的不变价格计算出来的各年最终产品的价值就是实际 GDP。名义 GDP 和实际 GDP 的关系可以表示为：

名义 GDP 包括价格增长因素在内，实际 GDP 排除了价格上涨的干扰。

名义 GDP=实际 GDP·GDP 缩减指数

GDP 缩减指数也称 GDP 隐含缩减指数，是指在给定的年份中，名义 GDP 与该年实际 GDP 的比率。

实际 GDP 是指在相同的价格或货币值保持不变的条件下，不同时期所生产的全部产出的实际值。

实际 GDP=名义 GDP÷GDP 折算指数（即价格总指数）

名义 GDP 是包含价格水平变动的，如果我们所有价格水平上升 1 倍，则名义 GDP 也要上升 1 倍。所以名义 GDP 有很大的不确定性，尤其在通货膨胀时期，这就需要引用实际 GDP 的含义。比如：2020 年的名义 GDP 是按照 2020 年当年价格水平计算出的，而实际 GDP 则是用 2010 年的价格水平得出的（如果选用 2010 年作为基年）。

实际 GDP 是国际上公认的反映一国一定时期（年）国民产品总量的最好的综合指标。

我国长期使用居民消费价格总指数作为反映通货膨胀的物价指数，所以，实际国内生产总值与名义国内生产总值的关系可表述为：

实际国内生产总值=名义国内生产总值÷居民消费总价格指数

例 6：2020 年名义国内生产总值为 401 202 亿元，居民消费价格总指数为 103.3%，当年实际国内生产总值为多少？

2020 年实际国内生产总值=名义国内生产总值÷居民消费价格总指数

=401202÷103.3%

=388385.29（亿元）

9.2.4 国内生产总值核算存在的问题

虽然国内生产总值指标被世界各国普遍应用，但是它在衡量各国经济活动时并不是完美无缺的标准。作为衡量一个国家经济水平的标准，国内生产总值有以下几个缺点：

第一，国内生产总值不能完全反映一个国家的真实产出。因为国内生产总值的统计数据基本上是根据市场交换获得的，对那些没有经过市场交换，但却对实际产出具有影响的经济活动不能通过国内生产总值反映出来。首先，非市场交易活动得不到反映，例如许多不经过市场交换的活动，像家务劳动、自给自足生产等，难以在国内生产总值统计中反映出来。家务劳动由自己人干改为雇人干，国内生产总值就会上升，但国民经济实际产出并未增加。其次，不少地下交易只是为了逃避税收，此类经济活动虽然发生了，但国内生产总值统计中却未得到反映。

第二，国内生产总值不能完全反映一个国家的真实生活水平。国内生产总值衡量的实质上是一个国家的产出，而不一定真实地反映一国的生活水平状况。首先，产出并不等于消费，产出只是在某种程度上促使人们去消费更多的产品。但是，由于投资增加而导致的国内生产总值的增长，却未必能反映人们当前生活水平的提高，只是刺激了将来的消费。其次，闲暇和良好的工作条件是人们生活水平的一个组成部分。国内生产总值却不能反映这一方面的状况。如果产出的增加是以人们劳动强度增加和劳动市场时间的延长为前提，那么人们的福利水平并没有得到提高。最后，国内生产总值忽略了外部影响，现代工业社会的快速增长带来了许多环境污染等问题，而这些都没有在国内生产总值中反映出来。

第三，国内生产总值无法说明收入如何分配。两个生产了同样多的国内生产总值的国家，一国贫富严重分化，另一国收入分配比较均衡，显然两个国家人们并不同样幸福。总之，每一种衡量国民收入的方法都存在许多问题，而且各国之间的比较由于计算方法、汇率波动和人口规模等因素而变得更为复杂。

9.3 国民收入流量循环模型

国民收入流量循环模型就是把宏观经济看作由许多流量构成的整体，并据此描述宏观经济整体运行的情况。

9.3.1 两部门经济

两部门经济是由家庭和企业部门构成的简单经济，即假设没有政府和对外贸易部门，只有家庭和企业部门提供。

对两部门经济分析可以通过简单的两部门经济的国民收入流量循环模型进行，如图9-1 所示：

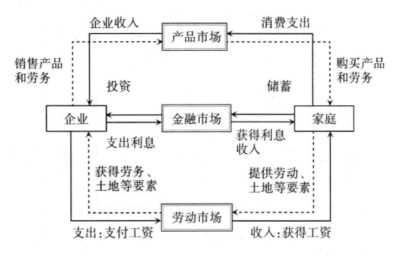

图 9-1 两部门经济国民收入支出循环图

图 9-1 是简单的两部门经济国民收入流量循环模型，上半部分描述的是产品市场中产品流动情形：产品从企业流向家庭；下半部分描述的是生产要素市场中的要素流动情形：要素从家庭流向企业。

9.3.2 三部门经济

三部门经济是在两部门经济的基础上，加上政府部门，即指由家庭、企业和政府构成的经济，政府的收入主要来自税收，同时政府也有一系列对产品与劳务的支出。

税收是政府收入的主要来源。税收分为直接税和间接税，直接税是指直接向个人和企业征收的税，其特点是税收负担由纳税人直接承担，无法转嫁出去，如所得税、财产税等。间接税，是指向商品和劳务所征收的税。其特点是税收负担不由纳税人直接承担，可以转嫁给其他人，如消费税、增值税等。

政府支出主要有两类，即政府购买和转移支付。政府购买是指政府部门用于购买各种产品与劳务的支出。转移支付是指政府用于再分配目的而不以换取产品和劳务为目的的支出。

三部门经济的国民收入流量循环模型如图 9-2 所示。在三部门经济中，政府与家庭的关系是家庭向政府缴纳个人所得税，政府则向家庭支付购买劳务的工资和提供转移支付；政府与企业的关系是企业向政府缴纳税金（直接税、间接税），政府向企业购买产品和劳务。

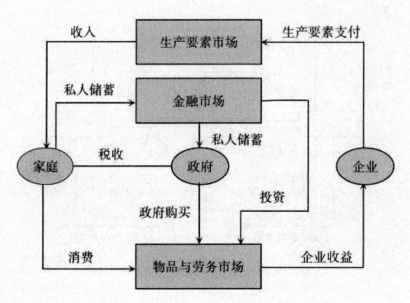

图 9-2 三部门经济国民收入支出循环图

9.3.3 四部门经济

四部门经济是在家庭、企业和政府之外，再加上对外贸易部门。对外贸易部门通过进出口与国内经济部门建立联系。进口意味着国外部门对本国的供给，出口则意味着国外部门对本国产品和服务的需求。具体来讲，外国企业与本国家庭的关系是：一方面，外国企业支付购买本国家庭提供的生产要素的工资、利息等。另一方面，本国家庭也向外国企业购买产品和劳务。外国企业与本国企业之间，则是相互购买产品和劳务，从而形成本国企业的出口收入和进口支出。

四部门经济的国民收入流量循环模型如图 9-3 所示：

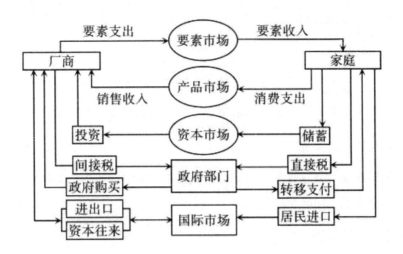

图 9-3 四部门经济国民收入支出循环图

在进口中，一部分是同收入水平没有关系的自主性进口，如一国不能生产但又是国计民生所必需的产品，不管收入水平如何，是必须进口的；另一部分是同收入有着密切联系的产品，收入水平越高，进口额越大，这是由于收入水平提高时，人们对进口消费品和投资品（如机器设备、仪器等）的需求会增加。

任务 10 总需求—总供给模型

10.1 总需求曲线

10.1.1 总需求的含义及影响因素

总需求是指在其他条件不变的情况下，在某一给定的价格水平上，一个国家或地区各种经济主体愿意购买的产品和服务的总量。经济学家认为，总需求由四个方面组成，即消费需求、投资需求、政府需求及国外需求（净出口）。一个国家或地区的总需求主

要受到以下几个因素的影响:

10.1.1.1 利率

利率上升会引起企业投资和居民购买住宅和耐用消费品的数量减少,从而使总需求减少;反之,利率下降,则引起总需求增加,利率与总需求呈反向变化。

10.1.1.2 货币供给量

货币供给量增加,会导致总需求增加;反之货币供给量减少,引起总需求也减少。货币供给量与总需求呈同向变化。

10.1.1.3 政府购买

政府购买增加,会促使总需求增加;反之政府购买减少,引起总需求也减少。政府购买与总需求呈同向变化。

10.1.1.4 税收

税收的减少会增加企业和居民的收入,导致总需求增加;反之税收增加则引起总需求减少,税收与总需求呈反向变化。

10.1.1.5 预期

如果企业对未来的利润预期是增长的,则会扩大投资。如果居民对未来收入预期是增长的,也会增加消费,都会导致总需求增加。

10.1.1.6 物价总水平

物价水平与总需求呈反向变化,价格总水平下降,导致总需求增加;反之总需求则减少。

10.1.2 总需求曲线

假定影响总需求的唯一因素是物价,总需求曲线就是反映总需求与物价水平之间关系的一条曲线。

10.1.2.1 总需求曲线的含义

总需求曲线表示在一系列价格总水平下经济社会均衡的总支出水平。当产品市场和货币市场同时达到均衡时，一般物价水平为 P，国民收入为 Y，总需求为 AD，可以用下列关系式表示：

$$AD=f(P) \qquad\qquad (10\text{-}1)$$

也可以用图表示需求、物价水平及收入的相互关系，如图 10-1 所示：

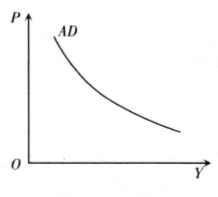

图 10-1 总需求曲线

在图 10-1 中，纵轴 P 表示物价水平，横轴 Y 表示国民收入（或 GDP），AD 为总需求曲线。可以看出，总需求曲线向右下方倾斜，表示总需求与物价水平呈反方向变动。当物价水平下降时，总需求是增加的；反之，当物价水平上升时，总需求是减少的。

10.1.2.2 总需求曲线向右下方倾斜的原因

一是物价总水平上升时，实际货币供给下降，货币供给小于货币需求，导致利率上升，投资下降，总需求量减少。

二是物价总水平上升时，资产的实际价值下降，人们实际拥有的财富减少，为了保持一定量的财富，人们必然增加储蓄，减少消费，总需求减少。

三是物价总水平上升时，人们的名义收入水平增加，从而增加人们的税收负担，减少可支配收入，进而减少消费，总需求减少。

四是国内物价总水平上升，在汇率不变的条件下，使进口商品的价格相对下降，出口商品的价格相对上升，导致本国居民增加对国外商品的购买，外国居民购买本国商品减少。

在现实中，总供给是波动的，在总需求—总供给模型中，应该把总需求分析与总供给分析结合起来，研究总需求与总供给是如何决定国民收入与价格水平的。

10.1.3 总需求曲线的移动

总需求曲线显示了物价水平对总需求的巨大影响。但影响总需求的因素并不仅仅局限于物价水平，还有其他影响因素会引起总需求的变动，导致总需求曲线发生移动。当总需求增加时，总需求曲线向右上方移动，表明在物价水平既定时，总需求由于其他原因（如政府支出）增加而增加；当总需求减少时，总需求曲线向左下方移动，表明在价格水平既定时，总需求由于其他原因（如政府支出）减少而减少。图 10-2 表明了总需求曲线的移动。

总需求曲线说明了物价与总需求呈反向变动关系，但在一些实际情况下，物价下降，总需求也下降。你能解释这其中的现象吗？

在图 10-2 中，纵轴 P 表示物价水平，横轴 Y 表示国民收入，总需求曲线用 AD 表示。当物价水平既定，其他因素变动使得总需求增加，总需求曲线由 AD_0 移动至 AD_1；而其他因素变动使得总需求减少，总需求曲线由 AD_0 移动到 AD_2。

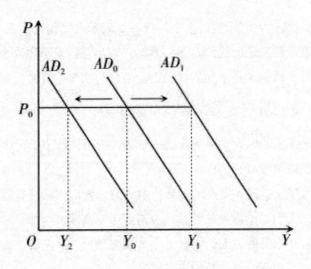

图 10-2 总需求曲线的移动

虽然由居民偏好的改变所引起的消费增加，政府优惠政策引起的投资增加，技术进步引起的净出口增加等因素都与物价水平无关，但最终都会影响总需求。这些因素引起总需求的变动，就需要用需求曲线的移动来表示。

10.2 总供给曲线

10.2.1 总供给曲线的含义及类型

10.2.1.1 总供给曲线的含义

总供给是指一个国家或地区在一定时期内（通常为 1 年）由社会生产活动实际可以提供给市场的可供最终使用的产品和劳务总量。

思考物价水平预期为什么会引起总供给曲线的移动？

总供给曲线是表明物品市场与货币市场同时达到均衡时，总供给与物价水平之间关系的曲线。它反映了在每一既定的物价水平时，所有厂商愿意提供的产品与劳务的总和，用下列关系式表达：

$$AS=f(p) \tag{10-2}$$

10.2.1.2 总供给曲线的类型

总供给取决于资源利用的情况，在不同的资源利用情况下，总供给与物价水平之间的关系是不同的。我们可以用图 10-3 来说明总供给曲线的变化。

其中：横轴 Y 表示国民收入，纵轴 P 表示物价水平，AS 曲线是总供给曲线。从图 10-3 中可以看出，总供给曲线变化呈现下列三种类型：

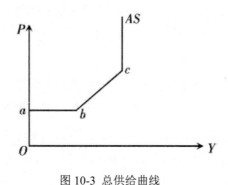

图 10-3 总供给曲线

第一种：a—b 区域

这时总供给曲线是一条与横轴平行的线，表明在物价水平不变的情况下，总供给可以增加。这是因为资源还没有得到充分利用，所以，可以在不提高价格的情况下增加总供给。这种情况是由凯恩斯提出来的，这种水平的总供给曲线称为"凯恩斯主义总供给曲线"。凯恩斯认为，研究总供给曲线的变化必须满足以下假设：

第一，货币工资 W 和物价水平 P 具有"刚性"不能调整，即货币工资不会轻易变动。提出背景：当经济大萧条时，劳动力和资本大量闲置，存在大量失业人口和生产力；当产量增加时，对劳动的需求增加，但是货币工资和物价水平均不发生变化。

第二，研究的是短期情况，即没有时间来调整货币工资和物价水平。

第二种：$b—c$ 区域

这时总供给曲线是一条向右上方倾斜的线，表明总供给与物价水平呈同方向变动。这是因为在资源接近充分利用的情况下，产量增加会使生产要素的价格上升，从而成本增加，价格水平上升。会发生上述变动的原因主要有：

第一，价格上升推动产量增加。当需求增加引发价格上升，厂商利润增加，厂商追求利润最大化导致产量增加。

第二，产量增加推动成本增加。由于国民经济各部门的负债和劳动力结构不均衡，一些部门因需求增长迅速而导致劳动力短缺；另外一些部门因需求增长缓慢或下降而导致劳动力大量过剩，资源和劳动力短缺的部门出现物价和工资上涨；而过剩的部门的资源价格和工资水平由于刚性需要不下降；这样整个社会生产扩张，导致总物价水平上涨。随着总产量的进一步增加，资源和劳动力供给短缺使市场受到越来越严重的制约，引起更多的商品价格和工资上升，总产量增加越发困难。总产量越接近充分就业水平，产量增加越少，价格上升则越快。资源和劳动力短缺这种情况是短期中存在的情况，这种向右上方倾斜的总供给曲线称为"短期总供给曲线"。

第三种：$c—AS$ 及以上区域

这时总供给曲线是一条垂线，表明无论物价水平如何上升，总供给也不会增加。这是因为资源已经得到了充分的利用，劳动市场的运行毫无摩擦，总能维护劳动力的充分就业，总供给无法增加，国民收入也无法增加。因此，无论物价水平如何变化，经济中的产量总是与劳动力充分就业下的产量即潜在产量相对应。这是一种长期趋势，在长期中总是会实现充分就业的，因此，这种垂直的总供给曲线称为"长期总供给曲线"。

10.2.2 总供给曲线的移动

在宏观经济学研究中，要区分长期与短期。长期指物价有完全弹性，从而市场调节是完全有效的。短期指物价有黏性，即价格变动慢于供求变动，市场调节不是完全有效。

10.2.2.1 长期总供给曲线的移动

长期中，价格机制可以充分发挥其调节作用，实现市场均衡。

由于一个经济社会所拥有的资源是有限的，在资源得到充分利用，即充分就业的情况下，一个经济社会所能提供的产品（含劳务）是相对固定的，这就是长期总供给量，因此长期总供给曲线是一条垂线，如图 10-4 所示：

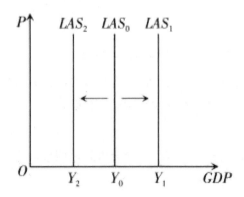

图 10-4 长期总供给曲线的移动

在图 10-4 中，*LAS* 是长期总供给曲线，它是一条垂线，表示在长期中总供给不随物价水平的变化而变化，是一个常数。这个常数就是充分就业的 GDP 或潜在的 GDP。

一般而言，随着资源增加、技术进步、制度改善等，一个社会的潜在 *GDP* 也会随之增加，表现在图形中就是长期总供给曲线向右平行移动，即从 LAS_0 平移至 LAS_1。在比较特殊的情况下，如战争、自然灾害、疫情等，会破坏一个经济社会的生产力，导致潜在 GDP 减少，从而表现出长期总供给曲线向左平行移动，即从 LAS_0 移动至 LAS_2。

10.2.2.2 短期总供给曲线的移动

短期总供给曲线是反映短期中总供给与物价水平之间关系的一条曲线，如图 10-5 所示：

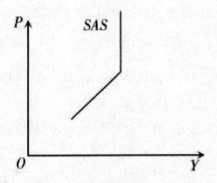

图 10-5 短期总供给曲线

在图 10-5 中，SAS 是短期总供给曲线，它分为两部分，一部分向右上方倾斜，表示总供给与物价水平呈同方向变动；另一部分是垂直的，表示总供给不随物价水平的变动而变动，这意味着经济资源已经全部得到利用，总供给已经达到最大，不再随物价水平的上升而继续增加。

当物价水平不变时，也有一些其他因素会引起短期总供给量的变化，表现在图形中就是短期总供给曲线的平行移动。

第一种情况是，由于长期总供给曲线的移动而引起短期总供给曲线的移动。如果长期总供给曲线向右平行移动，那么短期总供给曲线也会向右平行移动；如果长期总供给曲线向左平行移动，那么短期总供给曲线也会向左平行移动，如图 10-6 所示：

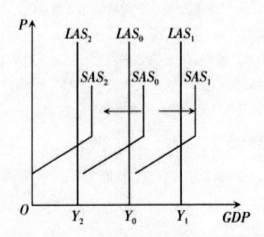

图 10-6 长期总供给曲线移动引起短期总供给曲线移动

在图 10-6 中，LAS_0 是原来的长期总供给曲线，相应的短期总供给曲线是 SAS_0。如果长期总供给增加，长期总供给曲线向右平行移动至 LAS_1，则短期总供给曲线也向右平行移动至 SAS_1；如果长期总供给减少，长期总供给曲线向左平行移动至 LAS_2，则短期总供需曲线也向左平行移动至 SAS_2。

第二种情况是，当物价水平不变时，由于其他一些原因导致生产成本变动，如生产要素价格变动等，导致短期总供给减少，从而引起短期总供给曲线的平行移动。如果生产成本减少，那么短期总供给增加，会引起短期总供给曲线向右平行移动；如果生产成本增加，那么短期总供给减少，会引起短期总供给曲线向左平行移动，如图 10-7 所示：

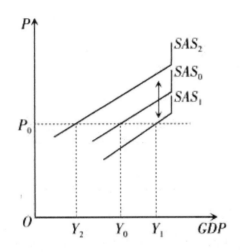

图 10-7 生产成本变动引起短期总供给曲线移动

在图 10-7 中，物价水平始终为 P_0，SAS_0 是原来的短期总供给曲线。如果生产成本减少，那么短期总供给增加，短期总供给曲线移动至 SAS_1，总供给增加为 Y_1；如果生产成本增加，那么短期总供给减少，短期总供给曲线移动至 SAS_2，总供给减少为 Y_2。

10.3 总需求—总供给模型

总需求—总供给模型是宏观经济学中一个重要的内容，该模型是将总需求与总供给结合在一起来解释国民收入和物价水平的决定，考察物价水平变化的原因以及社会经济如何实现总需求与总供给的均衡，具有非常广泛的应用范围。

10.3.1 总需求—总供给模型的含义

总需求—总供给模型是把总需求曲线与总供给曲线结合在一起来说明国民收入与物价水平的决定。可以用图 10-8 来表示总需求与总供给之间的关系：

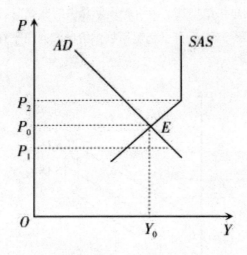

图 10-8 总需求与总供给模型

在图 10-8 中，显示了向右上方倾斜的总供给曲线 SAS 和向右下方倾斜的总需求曲线 AD。假设价格水平为 P_2，这时形成总供给大于总需求，于是产生物价水平向下的压力。一方面，物价水平下降使实际工资提高，从而使劳动需求减少，就业减少，总供给减少；另一方面，物价水平下降使实际货币供给量增加，从而使利息率下降，投资支出增加，总需求增加。因此，物价水平下降缓解了总供给大于总需求的矛盾。

假设价格水平为 P_1，这时形成总需求大于总供给，导致物价水平上升，物价水平上升一方面使实际货币供给量减少，从而使利息率提高，投资下降，总需求下降；另一方面使实际工资下降，从而使劳动需求增加，就业增加，总供给增加。因此，物价水平上升缓解了总供给大于总需求的矛盾。

假设价格水平为 P_0，这时总需求等于总供给，实现了市场均衡。因此，均衡价格为 P_0，均衡产出为 Y_0。

10.3.2 宏观经济均衡的三种情况

上述讨论宏观经济均衡时,没有引入长期总供给曲线。如果引入长期总供给曲线,则宏观经济均衡有以下三种情形:

第一种情形,充分就业均衡。如图 10-9(a)所示,总需求曲线 AD 与短期总供给曲线 SAS 相交于点 E,即为均衡点,决定了均衡物价水平 P_0 和均衡国内生产总值 Y_0。长期总供给曲线 LAS 也恰好通过均衡点 E。这就意味着充分就业的国内生产总值等于均衡的国内生产总值。即 Y_0 等于 Y_f,实现了充分就业均衡。此时,经济资源全部得到了有效的利用,是一种理想的均衡状态。

第二种情形,大于充分就业均衡。如图 10-9(b)所示,长期总供给曲线位于均衡点 E 的左边,均衡的国内生产总值大于充分就业的国内生产总值,即 $Y_0>Y_f$,实现了大于充分就业的均衡,此时资源被过度利用,存在经济过热的现象。

第三种情形,小于充分就业均衡。如图 10-9(c)所示,长期总供给曲线位于均衡点 E 的右边,均衡的国内生产总值小于充分就业的国内生产总值,即 $Y_0<Y_f$,实现了小于充分就业的均衡,此时资源没有得到充分利用,存在失业的现象。

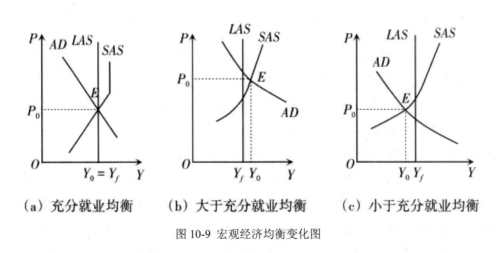

(a)充分就业均衡　　　(b)大于充分就业均衡　　　(c)小于充分就业均衡

图 10-9 宏观经济均衡变化图

10.3.3 总需求变动对产出和物价水平的影响

假设 AS 曲线不变,在既定的价格水平下,若总需求增加,则 AD 曲线向右上方移动,若总需求减少,则 AD 曲线向左下方移动,如图 10-10 所示:

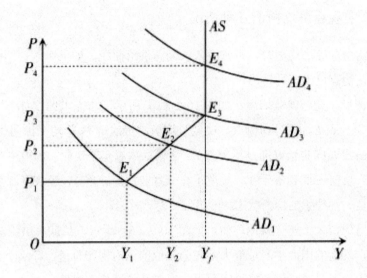

图 10-10 总需求的变动对产出和物价水平的影响

由于总供给曲线可分为三种情况，所以可分别研究总需求曲线对应三种不同的总供给曲线时的均衡情况的变化。

10.3.3.1 凯恩斯区域的总需求变动对产出和价格水平的影响

在图 10-10 中，假设总需求曲线为曲线 AD_1，AD_1 与水平段总供给曲线 AS 相交，由此决定均衡价格水平为 P_1，均衡产出为 Y_1。由于曲线 AS 呈水平状，曲线 AD_1 无论处于什么位置均不影响均衡价格水平，可见，在这种情况下，均衡价格水平取决于总供给曲线，或进一步说取决于货币工资和劳动的边际产出。在短期内，技术水平不变，劳动的边际产出不变。因此，均衡物价水平主要取决于货币工资水平。

水平区域内的总供给曲线意味着供给价格弹性无限大，在这种情况下，总需求决定均衡产出水平，即"有多大的需求，就有多大的产出"。因此，可以分析在凯恩斯区域内的宏观经济政策效果。假如政府购买增加或税收减少，会引起总需求增加，从而导致总需求曲线向右移动，这时，扩张性的政策对物价水平没有影响，即物价水平保持不变，但是总产量增加，会使就业量增加；反之，如果总需求减少，总需求曲线向左移动，对物价水平也没有影响，但是总产量减少，使得就业降低。

10.3.3.2 中间区域内的总需求的变动对产出和价格水平的影响

假设总需求曲线为 AD_2，曲线 AD_2 与向上倾斜段的总供给曲线相交。均衡价格水平

为 P_2，均衡产出水平为 Y_2，在这种情况下，若总供给曲线位置不变，则均衡水平随着总需求曲线位置的改变而改变。若总需求曲线位置不变，则均衡水平随着总供给曲线位置的改变而改变。

AD 曲线在 AS 曲线的中间区域移动时，假定政府的购买支出或私人的投资支出增加，引起总需求增加，总需求曲线向右移动，物价水平和总产出都增加，导致就业量也增加；随着总产出逐渐接近充分就业的产出水平，供给的短缺现象越来越严重，则总产出的增加将付出物价水平越来越高的代价，即物价水平上涨加速，而总产出的增长将变缓。

10.3.3.3 古典区域的总需求的变动对产出和物价水平的影响

假设总需求曲线为 AD_3，曲线 AD_3 与垂直段总供给曲线相交。均衡价格水平为 P_3，均衡产出水平为 Y_3。在总供给曲线不变的情况下，总需求曲线位置的变动对均衡产出无影响，而会改变均衡物价水平，会呈现出"有多大的需求，就有多高的价格"情况。

AD 曲线在 AS 曲线的古典区域移动时，政府的购买支出或私人的投资支出增加，引起总需求增加，总需求曲线向右移动，只引起物价水平上涨，而总产出保持不变，原因是生产资源已经充分利用。

如果 AD 曲线在 AS 曲线的古典区域向中间区域移动，或者从中间区域向凯恩斯区域移动，则总产出下降，价格可能下降或者维持不变。

10.3.4 总供给的变动对产出和物价水平的影响

在短期内，由于技术水平和劳动力数量不变，假设总需求不变，总供给曲线向上移动，将引起物价水平上升而总产出下降的经济停滞与通货膨胀并存的现象，称为"滞胀"，如图 10-11（a）所示。

如果原来的总供给曲线为 AS_0，总供给减少导致总供给曲线由 AS_0 向左上方移至 AS_1，均衡的国民收入由 Y_0 减少到 Y_1，物价水平由 P_0 上升到 P_1，形成上升的物价水平和下降的总产出同时发生的情况。

与此相反，如果总需求不变，而总供给增加，总供给曲线向右下方平移，会导致物价水平下降，同时总产量增加的情况，如图 10-11（b）所示。如果原来的总供给曲线为 AS_0，总供给增加导致总需求曲线由 AS_0 向右下方移动至 AS_2，均衡的国民收入由 Y_0 增加到 Y_2，物价水平由 P_0 下降到 P_2，形成下降的物价水平和增加的总产出同时发生的情况。

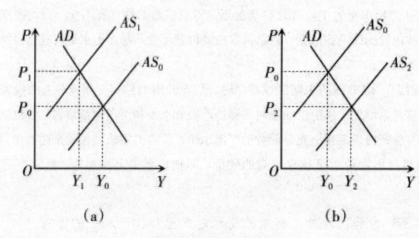

图 10-11 总供给变动图

10.4 总需求—总供给模型的运用

总需求—总供给模型（*AD-AS* 模型）是现代西方经济学中重要的宏观经济理论模型，是分析市场经济社会总量失衡问题及客观经济波动问题的重要工具，在西方国家中被广泛应用。本节通过几个例子来说明该模型在宏观经济中的应用。

案例一：石油价格上升对宏观经济的影响

石油是现代工业的一种主要原材料，石油价格上涨意味着企业生产成本的增加，企业会减少产量，导致总供给减少。会引起物价水平的上升，如图 10-12 所示：

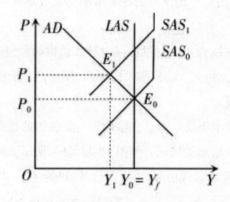

图 10-12 石油价格上涨对宏观经济的影响

在图 10-12 中，假定原来宏观经济处于充分就业的理想状态，即总需求曲线 AD 与短期总供给曲线 SAS_0、长期总需求曲线 LAS 同时相交于 E_0，即为均衡点，从而决定了均衡价格水平 P_0 和均衡国内生产总值 $Y_0=Y_f$。由于石油价格上涨，导致企业生产成本增加，产量减少，短期总供给减少，即短期总供给曲线向左上方平移 SAS_1，得到新的均衡点 E_1，决定了新的均衡价格 P_1 和均衡国内生产总值 $Y_1<Y_f$。通过比较可以发现，$P_1>P_0$，即价格水平上升；$Y_1<Y_0=Y_f$，即总产量减少，并且经济处于小于充分就业的均衡状态，即存在失业。

案例二：人民币升值对中国宏观经济的影响

人民币升值对中国宏观经济具有比较复杂的影响，借助总需求—总供给模型对此进行分析，如图 10-13 所示：

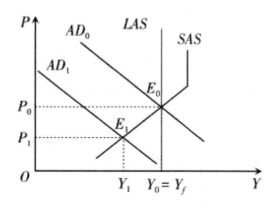

图 10-13 人民币升值对中国宏观经济的影响

在图 10-13 中，假定原来宏观经济处于充分就业的理想状态，即总需求曲线 AD_0 与短期总供给曲线 SAS、长期总供给曲线 LAS 同时相交于点 E_0，即为均衡点，从而决定了均衡价格 P_0 和均衡的国内生产总值 $Y_0=Y_f$。由于人民币升值，导致出口减少，进口增加，即净进出口减少，导致总需求减少，使总需求曲线向左下方平移至 AD_1，新的均衡点为 E_1，决定了新的均衡价格水平为 P_1，均衡的国内生产总值为 Y_1，且有 $Y_1<Y_f$。通过比较可以发现，$P_1<P_0$，即价格水平下降；$Y_1<Y_0=Y_f$，即总产出减少，并且经济处于小于充分就业的均衡状态，即存在失业。

案例三：技术进步对宏观经济的影响

技术进步对经济社会发展的推动作用是巨大的，下面用总需求—总供给模型来分析技术进步对宏观经济的影响，如图 10-14 所示：

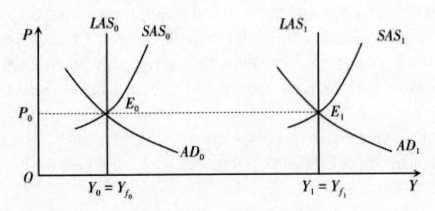

图 10-14 技术进步对宏观经济的影响

在图 10-14 中，假定原来宏观经济处于充分就业的理想状态，即总需求曲线 AD_0、短期总供给曲线 SAS_0、长期总供给曲线 LAS_0 相交于同一点 E_0，即为均衡点，决定了均衡价格水平 P_0 和均衡的国内生产总值 Y_0，且有 $Y_0=Y_{f0}$。现在由于技术进步，提高了资源的利用效率，并且发现了新的资源，因此，潜在的 GDP 增加，长期总供给曲线向右平移至 LAS_1。随着长期总供给曲线的平移，短期总供给曲线也跟着向右移至 SAS_1。在这一过程中，技术进步也会引起投资增加，消费增加，总需求增加，总需求曲线向右移至 AD_1。新的总需求曲线 AD_1、短期总供给曲线 SAS_1、长期总供给曲线 LAS_1 相交于同一点 E_1，即为新的均衡点，决定了新的均衡价格水平为 P_1 和均衡的国内生产总值为 Y_1，且有 $Y_1=Y_{f1}$，$Y_1 > Y_0$，因此技术进步促进了经济增长，使宏观经济在更高水平上处于一种充分就业的理想均衡状态。

任务 11 宏观经济政策

11.1 宏观经济政策概述

宏观经济政策指引着经济发展的方向，宏观经济政策的变化往往能够对市场的发展产生长期而深远的影响，宏观经济学的任务是要说明国家为什么必须干预经济，以及应该如何干预经济，即为国家干预经济提供理论依据与政策指导。因此，经济政策问题在宏观经济学中占有十分重要的地位。

11.1.1 宏观经济政策的目标

11.1.1.1 宏观经济政策的含义

宏观经济政策是指国家或政府为了增进整个社会经济福利，改进国民经济的运行状况，达到一定的政策目标而有意识和有计划地运用一定的政策工具制定的解决经济问题的指导原则和措施，包括综合性的国家或地区发展战略和产业政策、国民收入分配政策、价格政策等。对宏观经济政策的理解应该从以下几个方面入手：

第一，宏观经济政策是指政府有意识、有计划地运用一定的政策工具，调节控制宏观经济运行，以达到一定的政策目标。从西方国家战后的实践来看，国家宏观调控的政策目标，一般包括充分就业、经济增长、物价稳定和国际收支平衡等。

第二，宏观经济政策是指国家对整个国民经济进行宏观调控的政策，它对经济增长方式的转变具有重要作用。

第三，宏观经济政策是指国家或政府运用其能够掌握和控制的各种宏观经济变量而制定的指导原则和措施。

第四，宏观经济政策是指财政政策和货币政策，以及收入分配政策和对外经济政策等。除此之外，政府对经济的干预属于微观调控，所采取的政策是微观经济政策。

第五，宏观经济政策是指政府为了达到宏观经济目标所采取的手段和措施。

11.1.1.2 宏观经济政策的目标

1.充分就业

充分就业是指包含劳动在内的一切生产要素都以愿意接受的价格参与生产活动的状态。充分就业包含两种含义：一是指除了摩擦失业和自愿失业之外，所有愿意接受各种现行工资的人都能找到工作的一种经济状态，即消除了非自愿失业就是充分就业。二是指包括劳动在内的各种生产要素，都按其愿意接受的价格，全部用于生产的一种经济状态，即所有资源都得到充分利用。

2.物价稳定

物价稳定是指物价总水平的稳定。一般用价格指数来衡量一般价格水平的变化。价格稳定不是指每种商品价格的固定不变，也不是指价格总水平的固定不变，而是指价格指数的相对稳定。物价稳定并不是通货膨胀率为零，而是允许保持一个低而稳定的通货膨胀率，低通货膨胀率一般在1%~3%。稳定是指在相当时期内能使通货膨胀率维持在大致相等的水平上。这种通货膨胀率能为社会所接受，对经济也不会产生不利的影响。

3.持续均衡的经济增长

经济增长是指在一个特定时期内经济社会所生产的人均产量和人均收入的持续增长。一是维持一个高经济增长率；二是培育一个经济持续增长的能力。经济增长通常用一定时期内实际国内生产总值年均增长率来衡量。增长率并不是越高越好，这是因为经济增长一方面要受到各种资源条件的限制，不可能无限地增长；另一方面，经济增长也要付出代价，如造成环境污染，引起各种社会问题等。因此，经济增长就是实现与本国具体情况相符的适度增长率。

4.国际收支平衡

国际收支平衡的目标要求做到汇率稳定，外汇储备有所增加，进出口平衡。国际收支平衡不是消极地使一国在国际收支账户上经常收支和资本收支相抵，也不是消极地防止汇率变动、外汇储备变动，而是使一国外汇储备有所增加。将适度增加外汇储备看作改善国际收支的基本标志。

以上四大目标相互之间既存在互补关系，也有交替关系。例如，凯恩斯主义经济学家比较重视充分就业与经济增长，而货币主义经济学家则比较注重物价稳定。从第二次世界大战后美国实施的宏观政策来看，在20世纪50年代，政策目标是充分就业与物价稳定；在20世纪60年代，政策目标转移为充分就业与经济增长；在20世纪70年代之后则强调物价稳定和四个目标兼顾。因此，在制定经济政策时，必须对经济政策目标进行价值判断，权衡轻重缓急和利弊得失，确定目标的实现顺序和目标指数高低，同时使各个目标能有最佳的匹配组合，使所选择和确定的目标体系成为一个和谐的有机整体。

11.1.2 宏观经济政策工具

宏观经济政策工具是指用来达到政策目标的手段。在宏观经济政策工具中，常用的有需求管理、供给管理和对外经济管理。

11.1.2.1 需求管理

需求管理是指通过调节总需求来达到一定政策目标的宏观经济政策工具。它包括财政政策和货币政策。

需求管理是要通过对总需求的调节，实现总需求等于总供给，达到既无失业又无通货膨胀的目标。它的基本政策有实现充分就业政策和保证物价稳定政策两个方面。在有效需求不足的情况下，政府应采取扩张性的政策措施，刺激总需求增长，克服经济萧条，实现充分就业；在有效需求过度增长的情况下，政府应采取紧缩性的政策措施抑制总需求，以克服因需求过度扩张而造成的通货膨胀。

11.1.2.2 供给管理

20 世纪 70 年代初，石油价格大幅上涨对全球经济产生了严重影响，使得经济学家认识到总供给的重要性。供给管理是通过对总供给的调节，来达到一定的政策目标。在短期内影响供给的主要因素是生产成本，特别是生产成本中的工资成本。在长期内影响供给的主要因素是生产能力，即经济潜力的增长。供给管理政策具体包括控制工资与物价的收入政策、指数化政策、人力政策和经济增长政策等。

1.收入政策

收入政策是指通过限制工资收入增长率从而限制物价上涨率的政策，因此，也叫工资和物价管理政策。之所以对收入进行管理，是因为通货膨胀有时是由成本（工资）推进所造成的。收入政策的目的是制止通货膨胀，它有以下三种形式：一是工资与物价指导线。根据劳动生产率和其他因素的变动，规定工资和物价上涨的限度，其中主要是规定工资增长率。二是工资物价的冻结，即政府采用法律和行政手段禁止在一定时期内提高工资与物价，这些措施一般是在特殊时期采用。三是税收刺激政策，即以税收来控制增长。

2.指数化政策

指数化政策是指定期地根据通货膨胀率来调整各种收入的名义价值，以使其实际价值保持不变。主要工资指数化和税收指数化，即根据物价指数自动调整个人收入及调节税收。

3.人力政策（就业政策）

人力政策是一种旨在改善劳动市场结构，以减少失业的政策。主要有：一是人力资本投资。由政府或有关机构向劳动者投资，以提高劳动者的文化技术水平与身体素质，适应劳动力市场的需要。二是完善劳动市场。政府应该不断完善和增加各类就业介绍机构，为劳动的供求双方提供迅速、准确而完全的信息，使劳动者找到满意的工作，企业也能得到其所需的员工。三是协助工人进行流动。劳动者在地区、行业和部门之间的流动，有利于劳动的合理配置与劳动者人尽其才，也能减少由于劳动力的地区结构和劳动力的流动困难等原因而造成的失业。

4.经济增长政策

主要有：一是增加劳动力的数量和质量。二是资本积累。资本的积累主要来源于储蓄，可以通过减少税收、提高利率等途径来鼓励人们储蓄。三是技术进步。技术进步在现代经济增长中起着越来越重要的作用。因此，促进技术进步成为各国经济政策的重点。四是计划和平衡增长。

11.1.2.3 对外经济管理

对外经济管理是对国际经济关系的调节。现实中每一个国家的经济都是开放的，各国经济之间（如国际贸易、国际资本流动、国际劳务输出输入、国际收支平衡等）存在日益密切的往来与相互影响。

11.2 财政政策

财政政策是指为促进就业水平提高，减轻经济波动，防止通货膨胀，实现经济稳定增长而对政府财政支出、税收和举债水平所进行的选择，或对政府财政收入和政府财政支出水平所做的决策。

11.2.1 财政政策的内容

财政政策由国家制定，代表统治阶级的意志和利益，具有鲜明的阶级性，并受一定的社会生产力发展水平和相应的经济关系制约。财政政策是国家整个经济政策的组成部分，同其他经济政策有着密切的联系。

财政政策的主要内容包括财政收入政策和财政支出政策。

11.2.1.1 财政收入政策

财政收入政策，主要是指政府通过调节税收收入和税率来调节经济的政策。政府在财政政策中提高税率、增加税收，可以通过减少消费、减少投资来抑制总需求。政府降低税率、减少税收，可以通过增加消费、增加投资来刺激总需求。可见政府税收政策是调节宏观经济的一种紧缩性力量，增加税收可以抑制总需求，减少税收可以刺激总需求。

11.2.1.2 财政支出政策

政府财政支出主要包括以下三个方面：一是政府对商品和劳务的直接购买，包括对日常消费品的购买以及支付给政府公务人员的工资等。二是政府对公共工程的支出。公共工程方面的支出，具有投资大、周期长、见效慢等特点，不适宜私人投资，因此公共工程项目多由政府投资建设。政府通过新建工程、公共工程，可以弥补私人投资的不足，增加整个社会的投资需求。三是政府的各种转移支付。政府转移支付不以取得产品与劳务为目的，主要是各种福利支出，如失业人员的失业津贴、退役军人的补助金等。政府财政支出是调节宏观经济的一种扩张性的力量，增加政府支出可以刺激总需求，减少政府支出可以抑制总需求。

财政政策就是要运用政府开支与税收来调节经济。具体的运用原则是：在经济萧条时期，总需求小于总供给，经济中存在失业，政府就要通过扩张性的财政政策来刺激总需求，以实现充分就业。扩张性的财政政策包括增加政府支出与减税。政府公共工程支出与购买的增加有利于刺激私人投资，转移支付的增加可以增加个人消费，这样就会刺激总需求。降低个人所得税税率可以使个人可支配收入增加，从而增加了消费；减少公司所得税可以使公司收入增加，从而增加了投资，也会刺激总需求。在经济繁荣时期，总需求大于总供给，经济中也存在失业，政府则要通过紧缩性的财政政策来压抑总需求，以实现物价稳定。紧缩性的财政政策包括减少政府支出与增加税收。政府公共工程支出与购买的减少有利于抑制投资，转移支付的减少可以减少个人消费，这样就会压抑总需求。增加个人所得税（主要是提高税率）可以使个人可支配收入减少，从而减少消费；增加公司所得税可以使公司收入减少，从而减少投资，这样也会压抑总需求。

下面运用 *IS-LM* 模型说明扩展性财政政策与紧缩性财政政策的作用原理，如图 11-1 所示：

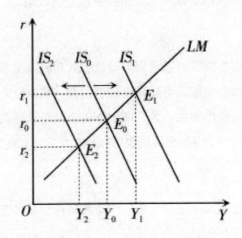

图 11-1 扩张性财政政策与紧缩性财政政策相互作用

在图 11-1 中，IS_0 与 *LM* 相交于 E_0 点，决定了均衡的国民收入为 Y_0，利率水平为 r_0。如果实施扩张性财政政策，总需求增加，那么曲线 IS_0 向右上方平移至 IS_1，形成新的均衡点为 E_1，新的均衡国民收入为 Y_1，利率水平为 r_1，显然 $Y_1 > Y_0$，$r_1 > r_0$，即国民收入增加，利率水平也同时上升了。如果实施紧缩性财政政策，总需求减少，那么曲线 IS_0 向左下方平移至 IS_2，形成新的均衡点为 E_2，新的均衡国民收入为 Y_2，新的利率水平为 r_2，显然 $Y_2 < Y_0$，$r_2 < r_0$，即国民收入减少，利率水平也同时下降。

财政政策的这种运用原理在西方被称为"逆风向而行事"，即在经济高涨时使其受到抑制；在经济萧条时使其受到刺激。保障宏观经济既不至于过度繁荣，也不至于过度萧条，从而实现经济的稳定增长。

11.2.2 自动稳定器

自动稳定器是指财政制度本身存在一种内在的、不需要政府采取其他干预行为就可以随着经济社会的发展，自动调节经济的运行机制，这种机制也被称为财政自动稳定器。

主要表现在以下三个方面：

11.2.2.1 累进税制度

累进税制度包括个人所得税和企业所得税的累进所得税自动稳定作用。在经济萧条时期，个人收入和企业利润降低，符合纳税条件的个人和企业数量减少，因而税基相对缩小，使用的累进税率相对下降，税收自动减少。因税收的减少幅度大于个人收入和企业利润的下降幅度，税收便会产生一种推力，防止个人消费和企业投资的过度下降，从而起到反经济衰退的作用。在经济过热时期，其作用机理正好相反，企业和个人收入增加，但累进所得税增长更快，从而抑制居民可支配收入和企业投资过快增长。这样可以有效抑制总需求，使经济不至于过于繁荣。

11.2.2.2 政府转移支付制度

政府转移支付的自动稳定作用表现在如果经济出现衰退，符合领取失业救济和各种福利标准的人数增加，失业救济和各种福利的发放趋于自动增加，从而有利于抑制消费支出的持续下降，防止经济的进一步衰退。在经济繁荣时期，其作用机理正好相反。符合领取失业救济和各种福利标准的人数减少，政府的失业救济及其他福利支出相应减少，从而有助于抑制总需求，避免经济过度繁荣。

11.2.2.3 农产品价格支持

政府通常对农产品价格实行补贴或支持。当经济繁荣时，农产品价格上升，政府将减少对农产品的价格补贴。这样既抑制了农产品价格进一步上涨，又减少了财政支出，抑制了总需求；反之，当经济萧条时，农产品价格下降，政府将增加对农产品的价格补贴，以防止农产品价格的进一步下降，并增加了财政支出，刺激了总需求。

从理论上讲，财政政策的自动稳定器机制是存在的，但是这种自动稳定器调节经济的作用十分有限，只能减轻经济萧条或通货膨胀的程度，并不能改变经济萧条和通货膨胀的总趋势；只能对财政政策起到自动配合的作用，并不能代替财政政策。因此，尽管某些财政政策具有自动稳定器的作用，但仍需要政府有意识地运用财政政策来调节经济。

11.2.3 赤字财政政策

财政赤字是指政府财政支出大于财政收入，是实行扩张性财政政策的结果。财政盈余则指政府财政收入大于财政支出，是实行紧缩性财政政策的结果。西方经济学家认为，财政政策应该为实现社会充分就业服务，因此，政府必须放弃财政收支平衡的旧信条，实行赤字财政政策。在经济萧条时期，财政政策是增加政府支出，减少政府税收，这样必然出现财政赤字。

政府实行赤字财政政策是通过发行公债来进行的。公债并不是直接卖给公众或厂商，因为这样可能会减少公众与厂商的消费和投资，使赤字财政政策起不到应有的刺激经济的作用。公债由政府财政部门发行，卖给中央银行，中央银行向财政部支付货币，财政部就可以用这些货币来进行各项支出，刺激经济。

当通货膨胀时，政府应减少支出或者增加税收，有意识地使预算不平衡而产生预算盈余。预算盈余可以对经济产生紧缩作用，盈余越大，紧缩效果越明显。一般而言，经济萧条时的财政赤字可以用经济繁荣时的财政盈余来弥补，最终在一个经济周期内整个财政大体可以实现动态平衡。

11.2.4 财政政策的挤出效应

财政政策挤出效应是指政府扩张性财政政策导致的利率上升引起的私人投资减少。社会财富的总量是一定的，政府占用的资金过多，会使私人部门可占用资金减少，政府通过向公众（企业、居民）和商业银行举债来实行扩张性的财政政策，引起利率上升和借贷资金需求上的竞争，导致私人部门（或非政府部门）消费及投资减少，从而使财政扩张作用被部分或全部抵消。

财政政策的挤出效应可以用图 11-2 来说明：

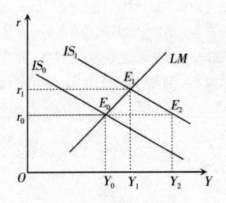

图 11-2 财政政策的挤出效应

在图 11-2 中，当 IS 曲线为 IS_0 时，IS_0 与 LM 相交于点 E_0，决定了国民收入为 Y_0，利率为 r_0。如果财政支出增加即总需求增加，那么 IS 曲线从 IS_0 移动至 IS_1，与 LM 相交于 E_1 点，相应的国民收入为 Y_1，利率为 r_1。随着国民收入的增加，货币需求相应增加，同时由于货币供给量不变（LM 曲线没有变动），所以会引起利率上升。由于利率上升，私人就会减少其投资和消费，即一部分政府支出的增加，实际上只是对私人支出的替代，并没有起到增加国民收入的作用，这就是财政政策的挤出效应。从图 11-2 中看到，如果利率不变仍然为 r_0，那么国民收入应该增加到 Y_2，实际上利率是上升的，利率从 r_0 上升到 r_2，国民收入只能相应地增加到 Y_1，（Y_2-Y_1）就是由于挤出效应所减少的国民收入增加量。

财政政策挤出效应的大小取决于多种因素，在实现充分就业的情况下，挤出效应最大，即挤出效应为 1，也就是政府支出的增加数等于私人支出的减少数，扩张性财政政策对经济没有任何刺激作用。在没有充分实现就业的情况下，挤出效应一般大于 0 而小于 1，其大小主要取决于政府支出增加所引起的利率上升的幅度。利率上升越高，则挤出效应越大；反之，利率上升越低，则挤出效应越小。

主张国家干预的凯恩斯主义认为，财政政策的挤出效应必须具体问题具体分析。当经济萧条时，有效需求不足，私人宁愿把货币保留在手中而不愿投资和消费，这就需要政府支出去填补私人支出不足，这时就不存在挤出效应。只有在充分就业时才存在挤出效应。

影响私人投资的因素，除了利率外，还有预期收益率。如果财政支出能提高预期收益率，那么私人投资不仅不会被挤出，反而会增加。当经济萧条时，增加财政支出既能增加政府对私人的订货，又能增加消费者的收入，扩大市场需求，这样私人投资者对市场前景会增强信心，私人投资将增加。

财政支出扩大对利率的影响有两种情况：如果货币供给量也同步增加，则利率不会上升，私人投资也不会减少；如果货币供给量不变，则会出现利率上升的情况，但是如果利率的上升幅度比预期收益率的上升幅度小，挤出效应也不会发生。

11.3 货币政策

11.3.1 货币政策的含义

货币政策也就是金融政策，是指中央银行为实现其特定的经济目标而采用的各种控制和调节货币供应量、信用量进而影响利率的方针、政策和措施的总称。货币政策的实质是国家对货币的供应根据不同时期的经济发展情况而采取"紧"、"松"或"适度"等不同的政策趋向。

11.3.2 凯恩斯主义的货币政策

凯恩斯主义经济学家认为，货币政策和财政政策一样，也可以调节国民收入以达到稳定物价、充分就业，实现经济稳定增长的目标。两者不同之处在于，财政政策直接影响总需求的规模，而货币政策还要通过利率的变动来对总需求产生影响，因而是间接地发挥作用。

货币政策一般也分为扩张性政策和紧缩性政策。前者是通过增加货币供给来带动总需求的增长。当货币供给增加时，利息率会降低，取得信贷更为容易，因此经济萧条时多采用扩张性货币政策；反之，紧缩性货币政策是通过削减货币供给的增长来降低总需求水平，在这种情况下，取得信贷比较困难，利率也随之提高，因此，在通货膨胀严重时，多采用紧缩性货币政策。

凯恩斯主义经济学家认为，当货币供给量发生变化时，利率也会发生变化，利率变化又会导致总需求的变化。因此，国家可以通过调节货币供给量来调节利率，进而调节总需求。在这里，假定债券是货币的唯一替代形式。如果货币供给量增加，人们就要以货币购买债券，债券的价格就会上升；反之，如果货币供给量减少，人们就要卖出债券以换回货币，债券的价格就会下降，其公式为：

$$债券价格 = \frac{债券收益}{利率} \qquad (11\text{-}1)$$

根据上述公式，债券价格与债券收益成正比，与利率成反比。因此，当货币供给量增加时，债券价格上升，利率下降；反之，当货币供给量减少时，债券价格下降，利率上升。利率的变动会影响投资，投资是总需求的一部分，因此总需求和国内生产总值就会受到影响。

货币政策工具的运用主要通过中央银行进行，针对不同的经济状况，中央银行分别采取扩张性货币政策和紧缩性货币政策。

在经济萧条时，总需求小于总供给，为了刺激总需求，就要运用扩张性货币政策。其中包括在公开市场上买进有价证券、降低贴现率、准备金率等，这些政策可以增加货币供给量，降低利率刺激总需求。

在经济繁荣时，总需求大于总供给，为了抑制总需求，就要运用紧缩性货币政策，其中包括在公开市场上卖出有价证券、提高贴现率、准备金率等，这些政策可以减少货币供给量，提高利率抑制总需求。

扩张性货币政策与紧缩性货币政策的作用过程可以用图 11-3 来说明：

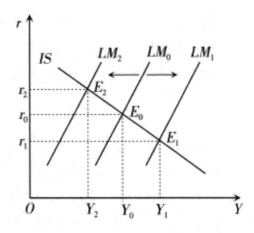

图 11-3 扩张性货币政策与紧缩性货币政策的作用过程

图 11-3 是 *IS-LM* 模型，当 *LM* 曲线为 LM_0 时，LM_0 与 *IS* 相交于点 E_0，决定了国民收入为 Y_0，利率为 r_0。如果中央银行实行扩张性货币政策，则增加货币供给量，那么，*LM* 曲线从 LM_0 平移至 LM_1，LM_1 与 *IS* 相交于点 E_1，相应的国民收入为 Y_1，利率为 r_1。显然扩张性货币政策使国民收入增加，利率下降。如果中央银行实行紧缩性货币政策，即减少货币供给量，那么，*LM* 曲线从 LM_0 平移到 LM_2，LM_2 与 *IS* 相交于点 E_2，相应的国民收入为 Y_2，而利率为 r_2。显然紧缩性货币政策使国民收入减少，利率上升。

11.3.3 货币主义的货币政策

货币主义的代表人物是诺贝尔经济学奖获得者美国经济学家米尔顿·弗里德曼。他认为适当的失业率是可以容忍的事，是市场经济的正常现象，政府没有必要采取措施减少失业。政府干预只会导致通货膨胀，政府在失业与通货膨胀之间左右为难的政策选择中，破坏了市场功能。因而他主张货币供给量的变化应遵循"单一规则"，即货币供给量应按照一个固定比例增加。货币主义的货币政策对 1979 年以来的英国撒切尔政府和美国里根政府的经济政策都有很大的影响。

货币主义的货币政策在作用机制上与凯恩斯主义的货币政策有很大不同。货币主义的理论基础是现代货币数量论，它认为影响国民生产总值与价格水平的不是利率，而是货币供给量。货币供给量直接影响国民生产总值与价格水平这一机制的前提是：人们的财富具有多种形式，包括货币、债券、股票、房产、珠宝、耐用消费品等。这样，人们在保存财富时，就不是在货币与债券中做出选择，而是在以上多种财富形式中进行选择。在这一假设下，货币供给量的变动主要不是影响利率而是影响各种形式资产的相对价格。当货币供给量增加时，各种资产的价格上升，从而直接刺激生产，在短期内使国民生产总值增加，而在长期内则只能使价格水平上升。

货币主义者反对把利率作为货币政策的目标。因为货币供给量的增加只会在短期内降低利率，而其主要影响还是提高利率。主要原因在于，货币供给量的增加会使总需求增加，一方面增加了货币需求量，另一方面提高了物价水平；货币实际供给量减少了，会导致利率上升。另外，货币供给量增加，会提高人们的通货膨胀预期，从而提高了名义利率。因此货币政策无法限定利率，利率是一个会把人们引入歧途的指示器。

近年来，许多国家出现了一种趋势，就是中性货币政策。所谓中性货币政策，指不用货币政策去刺激或抑制经济，而是使货币在经济中保持中性。这就是把货币政策的重点放在稳定物价上，即货币政策的目标不是实现充分就业、经济增长或国际收支平衡，而是稳定物价，为市场机制的正常运行创造一个良好的环境。与这种政策相关，中央银行的趋势是加强独立性，使之不受政府的干扰，以便更好地实现中性货币政策和物价稳定。

一个国家的中央银行一般通过再贴现率政策、公开市场业务、变动法定准备金率和道义劝告等工具变动货币供给量。

11.3.4 货币政策局限性

第一，从反衰退的作用来看，由于存在所谓流动性陷阱，因此，在通货膨胀时期实行紧缩的货币政策可能效果比较显著，但在经济衰退时期，实行扩张的货币政策效果不明显。那时候，厂商对经济前景普遍悲观，即使中央银行松动银根，降低利率，投资者也不肯增加贷款从事投资活动，银行为安全起见，也不肯轻易贷款。这样，货币政策作为反衰退的政策，其效果就甚微。

第二，从货币市场均衡的情况来看，增加或减少货币供给会影响利率，但必须以货币流通速度不变为前提，如果这一前提不存在，货币供给变动对经济的影响甚微。在经济繁荣时期，中央银行为抑制通货膨胀需要紧缩货币供给，或者说放慢货币供给的增长率，然而，那时对公众来说会增加支出，而且物价上升越快，公众越不愿把货币持在手上，而希望快点消费出去，从而货币流通速度会加快，在一定时期内本来的 1 美元也许可完成 2 美元交易的任务，这无疑在流通领域增加了 1 倍货币供给量。这时候，即使中央银行把货币供给减少一半，也无法使通货膨胀率降下来。反过来说，当经济衰退时期，货币流通速度下降，这时中央银行增加货币供给对经济的影响也就可能被货币流通速度下降所抵消。货币流通速度加快，就是货币需求增加；货币流通速度放慢，就是货币需求减少。如果货币供给增加量和货币需求增加量相等，LM 曲线就不会移动，因而利率和收入也不会变动。

第三，货币政策作用的外部时滞也影响政策效果。中央银行变动货币供给量，要通过影响利率，再影响投资，然后再影响就业和国民收入。因而，货币政策作用要经过相当长一段时间才会充分发挥。尤其是市场利率变动以后，投资规模并不会很快发生相应变动。利率下降以后，厂商扩大生产规模需要一个过程；利率上升以后，厂商缩小生产规模，更是很困难的。已经上马在建的工程难以下马，已经雇用的职工要解雇也非轻而易举。总之，货币政策即使在开始采用时不花很长时间，但执行后产生效果却有一个相当长的过程。在此过程中，经济情况有可能发生和人们原先预料的相反变化。比方说，经济衰退时中央扩大货币供给，但未到这一政策效果完全发挥出来时经济就已转入繁荣，物价已开始较快地上升，则原来扩张性货币政策不是反衰退，却为加剧通货膨胀起了火上浇油的作用。

货币政策在实践中存在的问题远不止这些，但仅从这些方面看，货币政策作为平抑经济波动的手段，作用也是有限的。

11.4 宏观经济政策的综合运用

11.4.1 相机抉择的含义

相机抉择是指政府为实现宏观调整目标，保证国民经济的正常运行，根据市场情况和特点，机动灵活地采取某种宏观调控措施，进行需求管理，保证经济在合理范围内运行的一种方式。

财政政策和货币政策都可以调节总需求，还会对总需求结构产生不同的影响。在需要进行调节时，究竟应采取哪一项政策，或者如何对不同的政策手段进行搭配使用，并没有一个固定不变的程序，政府应根据不同的情况灵活地决定。

11.4.2 财政政策与货币政策的特点

11.4.2.1 政策的猛烈程度不同

政府支出的增加与法定准备率的调整作用都比较猛烈，而税收政策与公开市场业务的作用都比较缓慢。

11.4.2.2 政策效应的时延不同

货币政策由中央银行决定，时效更快；财政政策从提案到议会讨论通过，要经过相当长的时间。

11.4.2.3 政策发生影响的范围大小不同

政府支出政策影响面大一些，公开市场业务影响的面则小一些。

11.4.2.4 政策受到阻力的大小也不同

增加税收与减少政府支出的阻力较大，而货币政策一般遇到的阻力较小。政府在决定选择哪一种政策时，首先要考虑的是要刺激总需求中的哪一部分。如果萧条主要是由于私人投资不足引起的，则宜用货币政策或投资补贴；如果主要是要刺激住宅投资，最好用货币政策；如果主要是要刺激其他私人投资，用投资补贴办法更加有效；如果主要是要刺激消费，则用减税和增加转移支付为宜。

11.4.3 财政政策和货币政策的配合使用

由于财政政策和货币政策会对总需求结构产生影响，进而对国民收入和利率产生不同影响。因此，调节总需求时，常常需要把两种政策搭配起来使用。财政政策和货币政策的搭配方式不同，适用的经济环境不同，产生的政策效果也不同，财政政策与货币政策的搭配有以下几种形式：

11.4.3.1 "松紧"或"紧松"政策搭配

当经济出现萧条但又不太严重时，可采取扩张性的财政政策和紧缩性的货币政策混合组合，这种组合会导致利率的上升，产生"挤出效应"。一方面用扩张性的财政政策刺激需求，另一方面用紧缩性的货币政策控制通货膨胀。

当经济出现通货膨胀但又不太严重时，可采用紧缩性的财政政策和膨胀性的货币政策混合组合，会引起利率的下降，投资的增加，以防止总需求减少过多。一方面用紧缩性的财政政策压缩总需求，另一方面用膨胀性的货币政策降低利率，刺激投资，遏制经济的衰退。

第一，"松紧"政策搭配的作用过程可以用图 11-4 来说明：

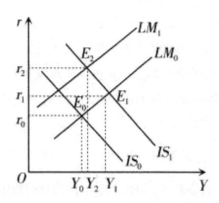

图 11-4 "松紧"政策配合

在图 11-4 中，曲线 IS_0 与曲线 LM_0 相交于点 E_0，决定了国民收入为 Y_0，利率为 r_0。实行扩张性财政政策，IS 曲线从 IS_0 移动到 IS_1，与曲线 LM_0 相交于点 E_1，决定了国民收入为 Y_1，利率为 r_1，这说明扩张性财政政策使国民收入增加，利率上升。这时如果再配合以紧缩性货币政策，即减少货币供给量，则可以使曲线 LM 从 LM_0 移动到 LM_1，LM_1 与 IS_1 相交于点 E_2，决定了国民收入为 Y_2，利率为 r_2。显然，利率 r_2 高于 r_1，即 $r_2 > r_1$，这样可以在刺激总需求时，避免经济过热。

第二，"紧松"政策搭配的作用过程可以用图 11-5 来说明：

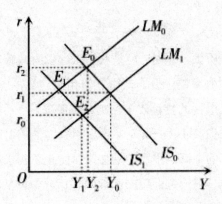

图 11-5　"紧松"政策配合

在图 11-5 中，曲线 IS_0 与曲线 LM_0 相交于点 E_0，决定了国民收入为 Y_0，利率为 r_0。实行紧缩性财政政策，IS 曲线从 IS_0 移动到 IS_1 与曲线 LM_0 相交于点 E_1，决定了国民收入 Y_1，利率为 r_1。这说明紧缩性财政政策使国民收入减少，利率下降。这时如果再配合以扩张性货币政策，即增加货币供给量，则可以使曲线 LM 从 LM_0 移动到 LM_1，LM_1 与 IS_1 相交于点 E_2，决定了国民收入为 Y_1，利率为 r_0。这样，既能降低利率，刺激投资，又能减少政府支出，稳定物价水平。

11.4.3.2 "双紧"政策搭配

当经济发生严重的通货膨胀时，可采用紧缩性的财政政策和紧缩性的货币政策混合组合，这种组合会使总需求减少，国民收入水平下降，导致国民经济发展缓慢。一方面用紧缩性的财政政策压缩总需求，另一方面用紧缩性的货币政策提高利率，抑制通货膨胀。"双紧"政策搭配的作用过程可以用图 11-6 来说明：

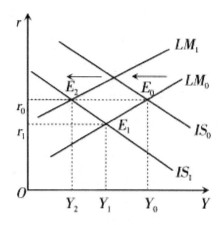

图 11-6 "双紧"政策配合

在图 11-6 中，曲线 IS_0 与曲线 LM_0 相交于点 E_0，决定了国民收入为 Y_0，利率为 r_0。实行紧缩性财政政策，IS 曲线从 IS_0 移动至 IS_1，与曲线 LM_0 相交于点 E_1，决定了国民收入为 Y_1，利率为 r_1。这说明紧缩性财政政策使国民收入减少，利率下降。这时，如果再配合以紧缩性货币政策，即减少货币供给量，则可以使曲线 LM 从 LM_0 移动到 LM_1，LM_1 与曲线 IS_1 曲线相交于点 E_2，决定了国民收入为 Y_2，利率为 r_0。这说明紧缩性货币政策与紧缩性财政政策的配合使用，可以在抑制总需求时，保证利率不下降，更为有效地抑制经济。

11.4.3.3 "双松"政策搭配

当经济出现严重萧条时，可采用扩张性的财政政策和膨胀性的货币政策混合组合，这种组合会引起总需求增加，从而促使经济的复苏、高涨。一方面用扩张性的财政政策增加总需求，另一方面用膨胀性货币政策降低利率，减少挤出效应。"双松"政策配合的作用过程可以用图 11-7 来说明：

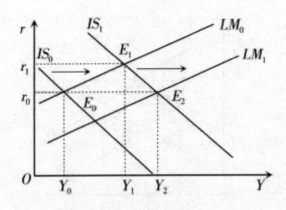

图 11-7 "双松"政策配合

在图 11-7 中，曲线 IS_0 与曲线 LM_0 相交于点 E_0，决定了国民收入为 Y_0，利率为 r_0。政府实行扩张性财政政策，IS 曲线从 IS_0 移动到 IS_1，与曲线 LM_0 相交于点 E_1，决定了国民收入为 Y_1，利率为 r_1。这说明扩张性财政政策使国民收入增加，利率上升，而利率的上升会产生挤出效应，不利于国内生产总值的进一步增加。这时，如果再配合以扩张性货币政策，即增加货币供给量，则可以使曲线 LM 从 LM_0 移动到 LM_1，曲线 LM_1 与曲线 IS_1 相交于点 E_2，决定了国民收入为 Y_2，利率为 r_0。这说明在扩张性货币政策与扩张性财政政策配合使用时，可以使利率保持不变，消除挤出效应，使国民收入有较大的增加，更为有效地刺激经济。

如何选用财政政策和货币政策的混合，不仅取决于经济因素，而且取决于政治、社会等因素。因为财政政策和货币政策作用的结果，会使国内生产总值的组成比例发生变化，从而对不同阶层和不同集团的利益产生不同的影响。比如，政府在经济过热时，实行紧缩性的财政政策，提高税率，这对中产阶层以上的那部分人来说，他们收入中的较多部分上缴国家财政，国家利用税收进行公共投资，如用来改善公共交通，这时不论穷人还是富人都可共同享受这些公共物品，即在一定的经济社会中，国民收入的分配会发生变化。因此，政府在做出混合使用财政政策和货币政策的决策时，必须统筹兼顾，充分考虑各方面的利益。

参 考 文 献

[1]严新锋，陈李红. 经济学入门[M]. 上海：东华大学出版社，2022.

[2]王振. 中国区域经济学[M]. 上海：上海人民出版社，2022.

[3]项勇，舒志乐. 灾害经济学[M]. 北京：机械工业出版社，2022.

[4]孙惟微. 硬核经济学[M]. 北京：中国友谊出版公司，2022.

[5]张红智，严方. 经济学基础[M]. 4版. 北京：对外经济贸易大学出版社，2022.

[6]李悦，钟云华. 产业经济学[M]. 5版. 沈阳：东北财经大学出版社，2022.

[7]郭福春，潘静波. 经济学基础[M]. 北京：高等教育出版社，2022.

[8]马顺圣，陈伟. 经济学基础[M]. 北京：中国纺织出版社，2022.

[9]汪政杰. 经济学基础[M]. 西安：西安电子科技大学出版社，2022.

[10]刘俊英. 公共经济学[M]. 北京：中国经济出版社，2022.

[11]牛蕊. 宏观经济学基础[M]. 北京：企业管理出版社，2022.

[12]胡庆江，牛朝辉. 国际经济学[M]. 北京：北京航空航天大学出版社，2022.

[13]张永良. 经济学基础[M]. 3版. 北京：北京理工大学出版社，2022.

[14]谭萍，雷晶，王琦. 技术经济学方法与应用[M]. 哈尔滨：哈尔滨工业大学出版社，2022.

[15]曾永寿. 经济学之谜与迂回经济学探究[M]. 北京：中国财富出版社，2021.

[16]倪宣明. 工程经济学[M]. 北京：企业管理出版社，2021.

[17]珍大户. 认知世界的经济学[M]. 南京：江苏凤凰文艺出版社，2021.

[18]钱明义. 认知世界的经济学[M]. 北京：北京日报出版社，2021.

[19]吕守军，魏陆. 公共经济学[M]. 上海：上海交通大学出版社，2021.

[20]王艳丽，李长花，段宗志. 工程经济学[M]. 武汉：武汉大学出版社，2021.

[21]张庆，陈昊平，杨媛媛. 经济学基础[M]. 北京：北京理工大学出版社，2021.

[22]戚冬丽. 经济学基础[M]. 兰州：兰州大学出版社，2021.

[23]刘瑛，吴光华. 微观经济学基础[M]. 2版. 武汉：华中科技大学出版社，2021.

[24]李莎莎，梁盈. 经济学基础[M]. 武汉：华中科技大学出版社，2021.

[25]刘娟，胡玲玲，连有. 经济学基础[M]. 北京：电子工业出版社，2021.

[26]沈玉娟，李春伶. 经济学基础[M]. 沈阳：东北财经大学出版社，2021.

[27]吴汉洪. 经济学基础[M]. 6 版. 北京：中国人民大学出版社，2021.

[28]吴光华. 宏观经济学基础[M]. 武汉：华中科技大学出版社，2020.

[29]薛灵辉. 经济学基础[M]. 北京：化学工业出版社，2020.

[30]沙其富，章景萍. 经济学基础[M]. 合肥：安徽教育出版社，2020.

[31]李凤升. 经济学基础[M]. 北京：石油工业出版社，2020.

[32]李非. 经济学基础[M]. 成都：西南财经大学出版社，2020.

[33]郭克锋. 经济学基础[M]. 北京：中国人民大学出版社，2020.

[34]卢优兰，卢俊村. 经济学基础应用[M]. 大连：大连理工大学出版社，2020.

[35]刘平主. 经济学基础与实务[M]. 北京：清华大学出版社，2020.

[36]胡田田. 经济学基础与应用[M]. 上海：复旦大学出版社，2020.

[37]李涛，高军. 经济管理基础[M]. 北京：机械工业出版社，2020.

[38]黄娟，姚毅，李方峻. 经济法[M]. 北京：北京理工大学出版社，2020.